本科院校教学管理创新与实践研究

陈小倩　　著

沙莎　樊旭　参著

张晞　罗辉

于兴帅

中国商务出版社
CHINA COMMERCE AND TRADE PRESS

图书在版编目（CIP）数据

本科院校教学管理创新与实践研究 / 陈小倩著. --
北京：中国商务出版社, 2019.6
　ISBN 978-7-5103-2896-1

　Ⅰ.①本... Ⅱ.①陈... Ⅲ.①高等学校－教学管理－
研究 Ⅳ.①G647.3

　中国版本图书馆 CIP 数据核字(2019)第 112304 号

本科院校教学管理创新与实践研究
BENKE YUANXIAO JIAOXUE GUANLI CHUANGXIN YU SHIJIAN YANJIU
陈小倩　著

出　　版：中国商务出版社
地　　址：北京市东城区安定门外大街东后巷 28 号　　邮编：　100710
责任部门：教育培训事业部（010-64243016　　gmxhksb@163.com ）
责任编辑：刘姝辰
总 发 行：中国商务出版社发行部 （010-64208388　64515150 ）
网购零售：中国商务出版社考培部 （010-64286917）
网　　址：http://www.cctpress.com
网　　店：https://shop162373850.taobao.com/
邮　　箱：cctp6@cctpress.com
印　　刷：定州启航印刷有限公司
开　　本：787 毫米×1092 毫米　1/16
印　　张：12　　　　　　　字　　数：262 千字
版　　次：2019 年 6 月第 1 版　　印　　次：2019 年 6 月第 1 次印刷
书　　号：ISBN 978-7-5103-2896-1
定　　价：49.00 元

前　　言

在我国高等教育走向国际化、大众化、信息化的时代背景下,面对"科教兴国"战略的战略实施,从提高我国高等教育国际竞争力的战略高度出发,必须把教学质量视为高等教育的生命线,牢固树立质量意识、品牌特色意识、市场意识和创新意识。提高高等学校教学管理水平和教学质量,培养具有创新精神和实践能力的高级专门人才,是新世纪高等教育改革和发展的迫切要求。

教学管理直接服务于教学和人才培养,对教学质量产生着直接、深刻的影响。教学管理既要行使行政管理职能,又要行使学术管理职能,担负着做好教学工作规划、设计、组织的重任,在高等学校整个管理工作中处于极其重要和突出的位置。在科技进步日新月异、社会进步日益加快、高等教育迅猛发展的今天,教学管理工作必须与时俱进,不断研究新情况、发现新问题、解决新矛盾。要创造性地开展工作,大力推进教学管理创新,打破传统落后的思想和模式,扩展教学管理改革的新思路,建立新的教学管理机制和制度,探索新的管理方法和手段,开创我国高等学校教学管理的新局面。

本书兼顾教学管理理论的先进性和教学管理实践的可操作性,可供高等学校(院)领导、教学管理人员及教师参考、使用。其中之点滴,若能对我国高等教育管理的同行有所启发,吾愿足矣。

在撰写本书过程中,参阅了国内外大量相关著作与资料,引用了很多人的研究成果,未能一一列出,特此说明,并向原著者和编者致以诚挚的谢意。

由于水平有限,研究不深,加之时间短促,书中粗疏与不当之处再所难免,恳请同行、专家和读者批评指正。

目　　录

第一章 本科院校教学过程

教学工作作为学校教育的主要组成部分,是传播人类文化的重要途径。高等学校的教学工作是各项工作的中心,其好坏不但影响高等学校培养人才的质量和数量,对社会主义现代化建设产生直接或间接的影响,而且还会对学校科研工作、科技开发工作以及其他工作产生重要影响。因此,正确认识教学过程的性质,尤其是高等学校教学过程的特点,并根据这些特点理解高等学校的教学规律,对于做好教学和教学管理工作,推进高等教育事业的健康发展具有极其重要的意义。

第一节 教学过程三要素

教学过程是由教师、学生和教学内容三个基本要素构成的。在教学活动中,教师、学生和教学内容之间紧密联系,使教学成为一个动态的、统一的过程。在这一过程中,教师通过对教学内容的传授,学生通过对教学内容的学习,双方互动,从而达到教学目标,完成教学任务。

高等学校的教学过程与普通学校的教学过程相比,既有共性,也有个性。高等学校教学过程的构成要素既有一般教学过程构成要素的共性,也有其个性。而且正是这些要素的个性才构成了高等学校教学过程的特点。

一、教师

高等学校具有培养人才和发展科学的职能。因此,高等学校教师同时肩负着教学任务和科学研究任务。作为高校教师,不但有传播科学文化知识之职,而且有创造科学文化之职。教师必须有扎实的知识基础,并站在自己专攻领域的前沿,了解本领域研究的最新动态;在教学过程中,不但要在人类已有的知识领域中对学生进行传授并引导他们积极主动地思考,而且要引导他们在人类未知领域进行探索。在处理和学生的关系时,他不应该,也不可能把自己装扮成一个先知的圣者,应当允许学生对权威的怀疑,充分保持学生的好奇心和创造意识,并努力使其向正确的方向发展。此外,教师还必须了解现代科技的最新发展动态,在教学中充分应用科学技术的最新成果,不断提高教学效果。

二、学生

高等学校的学生绝大多数是生理、心理基本成熟的 20 岁左右的青年,自我意识的发展、各种能力的增强使其有了较大的独立性,进入了心理的"断乳期";专业定向又使未来的职业选择具有某种确定性。这些因素使学生更深刻地认识社会现实问题,并不断提高自己的实际能力。表现在思想上,这一阶段正是形式逻辑思维基本完善、辩证思维快速发展的时期,其深刻性、独立性、批判性都相较于中学时期大大增强了,但也表现出一定的不稳定性。总而言之,大学时期正是独立性、创造意识快速发展的时期,也是独立人格形成的重要时期。这是高等学校教学过程中必须高度重视的。

三、教学内容

高等学校的教学内容较之普通中小学有三个明显的特点。首先,高等学校的教学在广度、深度和复杂性方面都大大增加了。高等学校是精研高深学问的场所,是人类知识系统的最前沿,它所传授的内容能够反映科学技术最新发展的专门的知识系统,其广度、深度与复杂性是普通中小学教育内容不可比拟的。其次,高等教育是一种专门化的教育,学生毕业以后就要在某一专门领域从事实际工作,因此,其教学内容应与社会生产、社会发展密切联系,并对这些实际问题进行理论的分析。第三,由于学生的认识能力大大提高,留给学生自己学习和思考的部分更多了。在教师的指导下,对感兴趣的知识领域进行自主学习成为必然趋势。

第二节　高校教学过程的特点

高等学校教学过程有别于普通学校教学过程的地方很多,若从认识论的角度看,大致可以归为四个特点。

一、认识已知和探索未知的统一

教学过程从本质上讲是一种特殊的认识过程。通过教学,使学生认识客观世界,达到全面发展的目的。教学过程是教师指导下以认识间接知识为主,将认识已知与探索未知统一起来的过程。这种统一性从理论上分析,体现在两个方面。首先,学生认识人类已有知识时，虽然这些知识对教师来说是已知的，但对学生来说却是未知的。因此整个过程表现在：教师指导下利用自己已有的知识去探求未知的知识，表现出已知和未知的统一性。忽视了这一点，就会忽视教学过程中学生的主动性和自觉性。第斯多惠说："一个差的教师奉送真理，一个好教师则教人发现真理。"其次，高等学校教学过程不但要引导学生认识人类已有知识，而且要引导他们探索对整个人类来说也是未知的东西，表现出认识已知和探索未知的统一。很明显，前面一个已知和未知的统一是所有教学过程的共性，而后一个统一则主要是高等学校教学过程的特殊性，是普通学校教学过程所没有的。高等学校教学过程中认识已知与探索未知的统一，从实践上分析，则表现在教学工作与科研工作的结合上。

（1）教学与科研的结合渗透在高等学校教学过程中。高等学校的教师不但自己要承担科研工作，而且要把自己的科研工作与教学工作密切结合起来，培养学生的科研态度和科研能力，教给他们科研的方法。首先，在传授人类已有知识的时候，要充分发挥学生的主动性与创造性，引导他们利用已知的知识去探求对他们来说是未知的知识，鼓励他们用新的方法、新的思路去获取这些知识，做到已知与未知的统一。其次，教师应结合本学科领域的最新动态进行教学，使学生了解本学科的发展动态，激发他们解决学术问题和实际问题的兴趣。再次，教师应结合自己的科研工作，引导高年级学生参与部分研究工作。要用自己的研究经历教育学生具有严谨的科学态度，教给他们收集资料、查阅文献、设计和进行实验的方法与思路。

（2）教学与科研的结合体现在对学生专门的科学研究训练中。例如，文科、理科学生要在教师指导下完成毕业论文，工科学生要完成毕业设计。在这些科学研究的训练中，学生不再是单纯验证、接受人类已有的知识，而是要在人类已有知识的基础上，在教师指导下进行独立的探索，从而真正体现出认识已知与探索未知的统一。

二、认识世界和改造世界的统一

教学过程大多是在人为设计的环境中，在教师的指导下进行的，是人为环境下的认识过程。认识世界的目的在于改造世界。教学过程中任何认识的目的都在于通过这些认识过程培养学生的各种能力，促进他们的全面发展，使其能够运用所学的知识分析和解决实际问题，毕业之后能够投身于社会实践中，为人类文明的发展作出贡献。所以，与自然的认识过程不同，在教学过程中，为培养学生的上述能力，教学活动应尽可能地贴近生产生活实际，使所学的知识与自己的亲身经历紧密地结合起来，这样才能做到融会贯通、灵活应用，从而达到提高能力、学以致用，达到认识世界和改造世界相统一的目的。

另一方面，在教学过程中要有计划地引导学生参加实践活动，在实践中获得知识，提高能力。这时,教学过程不仅是一种认识世界的活动,而且是一种改造世界的活动。这是高等学校教学活动的一个重要内容。诚然,其他类型学校在教学过程中也要注意引导学生参与实践活动,但是这些实践活动不仅在性质上与高等学校有所不同,而且在数量及系统性方面都不能与之相比。高等教育是建立在基础教育之上的专门教育,是学生进入专业领域从事实际工作的准备。一方面,学生不可能在日常生活中积累起专业领域的感性知识,这就要求在教学过程中安排好相应的实践环节,使学生具备一定的感性知识,为学好理论知识打好基础;另一方面,学生毕业以后马上就要从事某一职业,必须通过各种实践活动来提高实际能力,为适应今后的工作做好准备。目前国内外许多高校都在努力加强实践性环节的教学,提高学生的各种实际能力。例如,美国的许多高等院校要求本科生在实验课的教学中起主要作用,自己设计实验程序、选择计量技术、进行实验结果分析,而不是按教师预定的程序进行验证。麻省理工学院自 1973 年以来,工程专业的学生在二年级或其他年级可以在教师的帮助下进行工程方面的实际锻炼,在实际中进行教学。我国许多学校也在这一方面进行了有益的探索。有的学校试行了预分配制度,即在本科三年级以后到实际工作岗位工作一年,积累一定的实践经验后,再回校攻读一年。有的学校与企事业单位合作,建立了实习培训基地,密切了学校与实际工作单位的联系。所有这些,都充分体现了高等学校教学过程中认识世界和改造世界相统一的特点。

三、专业性和综合性的统一

高等教育是一种专业教育,以培养学生将来从事专业工作为目的。但是,专业教育不是"工匠"教育,工匠教育只要教会学生一套操作规程和技术就够了;而高等教育除了要培养学生专门的实际操作能力外,还要学生在科学的基础上了解事物发展的基本原理,并能在变化的环境中对事物做出有效的分析并采取适宜的行动。此外,高等学校不仅要使学生达到一定的专业目标,而且要使其成长为一个在各个方面健全发展的个体。这就要求围绕全面发展的教育目标,在各门学科的基础上,设计出一个有机联系的课程体系,在教学中做到既重视专业训练,又重视人格培养,防止各门课程成为互不相干的堆砌物。

随着现代科学技术的发展,学科逐渐向两方面延伸。一方面,学科不断地向纵深发展,新的学科不断产生,旧的学科不断地分解,呈现分化的趋势;另一方面,学科之间联系不断加强,自然科学与社会科学互相交叉,其他具体学科也不断渗透,交叉学科不断产生,呈现出综合化的趋势。现代科学技术这种既分化又综合的趋势对人才培养提出了新的要求:不但要求学生在某一专门领域有较为深入的知识,而且要求具有比较宽广的基础知识和比较广泛的适应性,这样才能适应现代生活和工作的快速变化。

我国的高等教育是为了培养社会主义现代化建设所需要的全面发展的专门人才,课程设置应该按照这一目标来进行,既要有培养和训练学生专业素养的课程,又要有为加强基础、拓宽知识面从而提高适应性的综合课程。同时,专业水平的提高也离不开不同知识之间的渗透和综合。这是时代的要求,是高等学校教学过程所追求的重要目标之一。

目前,在高等教育中加强普通教育已成为一种明显的趋势,它表明专业性与综合性的结合已经成为高等教育发展的日益突出的特点。例如,日本筑波大学打破旧的学部学科制度,设立综合学群、学科分类和学系,把综合性的课程列入教学计划;英国苏塞克斯大学废除旧的系科组织,代之以多科的学院制,一方面实行大文科和大理科制度,另一方面,又把文科课程与理科课程结合起来设置。学生既要学习一定深度的专业课,又要学习普通课,使学生既能获得专门化训练,同时又可探讨学科中心领域的课程,涉猎边缘学科的知识。在我国,不少学校在探讨加强基础课、拓宽学生专业口径方面已取得了有益的经验。例如有的学校在一、二年级打破了专业与系的界限,实行基础课全部打通,在三年级开始选择专业方向,这样既加强了基础,又照顾了专门化,充分体现出高等学校教学过程专业性与综合性的统一。

四、个体认识社会化与社会认识个体化的统一

在教育史上,很多教育思想家都把教学过程看做是个体社会化的过程。若从认识论角度看,也就是个体的社会化过程。然而,教育理论在相当长的一个历史时期内,主要是针对中小学的,或者说是针对 18 岁以前的儿童和少年的。但在高等学校,受教育者已是完成了基础教育的 20 岁左右的青年,他们除了继续接受作为一个合格公民必需的基础教育、继续充实自己的科学文化修养外,还要为在某一专门领域探索未知、解决社会生产、生活问题而接受更专门同时又更广泛的教育。在这一过程中,无论是处在科学文化知识发展前沿上去探索未知,还是面对诸多悬而未决的重大社会生产、生活问题去攻克难关,对于大学生来讲,所需要具备的,除了人类已积累起来的与所学领域相关的知识、能力外,还需要一种对原有知识的批判精神、解决问题的独创性和敢为天下先的勇气。这种品质对于一个大学生来说,是极其重要的,甚至比知识和一般的能力更为可贵。缺少了这种品质,大学生的知识、能力结构便不可能随着科技发展和社会变迁而适时做出调整和改变。所谓"读死书,死读书"者,主要原因之一恐怕就在于缺少这种品质。世界是纷繁复杂、多彩多姿的,任何教育系统都不可能预先制订某种固定培养模式来永远适应千变万化的世界。事实是,高等学校教育过程只有具备了一定的灵活性和多样性,以此培养多种规格的人才,迎接社会的各种挑战,才能得到社会的认可。我们把这一过程

中表现出来的个体知识能力结构的多样性和批判、独创精神的形成与巩固过程,称为"社会认识的个体化"。显然,在普通中小学和中等专业技术学校或职业训练机构,都不可能完成这个过程。因为无论从人的发展的成熟性来看,还是从教学过程所传授的科学文化知识的性质来看,只有在高等教育阶段才有可能在这些方面形成比较稳固的品质。个体认识的社会化与社会认识的个体化在高等学校教学过程中的统一,既是高等学校教学过程的一个特点,也是对当代高等学校教学的一种要求。在专业林立、学科纷繁的高等学校里,必须彻底改变那种千人一面、类型单一的培养模式,建立一种与多彩的世界相辉映的多样性的人才培养模式。同时,社会对大学生在思想、道德、知识、能力上的那些最基本的要求,也必须努力达到。在个体认识社会化和社会认识个体化这两个方面,过分偏向某一个方面而排斥另一方面,都会抹煞高等教育阶段的特殊性,也都会使教育质量降低,从而难以为社会所接纳。

第二章　本科院校教学原则

第一节　教学原则的制订

一、教学原则的意义

教学原则是教学工作必须遵循的基本要求。它是联系教学规律与教学工作的中介，是促使教学工作按教学规律进行的有力保证。教学原则一方面要反映教学工作规律从而对教学工作提出要求，另一方面它又是对教学工作中教学规律的总结。许多教学原则是从具体的教学经验中总结概括出来，从而对教学发挥着更大的指导作用。一个适当的教学原则体系的确立具有两方面的意义：一方面可以把教学理论对教学工作的指导作用进一步具体化，将理论形态的规律转化成对实践工作的具体要求。这将有利于教学实际工作者理解、掌握与实施，从而充分发挥教学理论对教学工作的指导作用；另一方面，将优秀的教学工作经验概括总结成有条理的系统化的原则体系，不但可以使之在教学中发挥更大的作用，而且还能够促进人们对教学规律的进一步认识，促进教学理论和教育科学的发展。

二、教学原则制订的依据

教学原则是教学规律的反映，是教学工作的概括和总结，这两个方面是教学原则制订的主要依据。但是，教学规律作为不以人的意志为转移的事物间的内在联系，至少目前并没有被人们彻底认识，通常人们所说的教学规律只不过是人们对教学过程不完全认识的结果。人们用以指导教学实践的所谓"教学规律"实际上就是有关教学的理论，而教学理论又是受到各种内外部因素影响的。因此，在这些理论上编写高等学校教学简论时，不可避免地存在着许多重大的分歧。因此，我们在应用教学理论指导教学原则制订的时候，不可要求人们立足于某一理论，演绎出一个大家都能接受的教学原则体系，而只能综合各种理论相补充，并根据社会要求加以灵活应用。因此，从根本上讲，教学原则的制订必须坚持马克思主义,坚持历史唯物主义和辩证唯物主义,以此来驾驭各种教学理论的分析、综合与选择。

教学原则又是教学实践的经验总结,是古今中外优秀教育家智慧的结晶。但是,不同时代的教学实践折射着一定时代的社会政治制度、经济状况、社会结构,反映了不同时代的各种思想意识形态。因此,尽管所有的教学实践都包含着一些亘古不变的东西,但同时也包含着明显的时代特点。在分析教学实践、总结教学经验时,要注意辨别出那些符合时代潮流、顺应历史发展要求的因素并加以总结,使教学原则体系能够跟上时代发展的步伐。具体来说,教学原则的制订要依据以下几个方面:

(1)以马克思主义为指导,用历史唯物主义和辩证唯物主义的观点、方法来剖析教学理论,分析教学实际,使教学原则成为一个科学的体系。

(2)综合运用当代国内外各种不同的教学理论,吸取其长处,根据我国社会主义教育目的,加以制订。

(3)认真分析当今世界各国教学实际发展的动向,总结优秀教师的教学经验,使其上升到理论的高度,以构成教学原则体系的有机组成部分。

(4)继承和发扬教学原则中的合理部分,借鉴国外的教学理论和实践,吸取其有益的部分,丰富和补充教学原则体系。

三、历史上教学原则体系构成的三种方式

教学原则体系的构成方式大体上可分为总结型、理论推演型和结合型。总结型是直接从教学实践中进行总结,但这种方式因缺乏理论指导,一般不能形成严密的系统。例如,我国古代教育家孔子在长期的教学实践活动中,概括指出"学而时习之""学思结合""因材施教"等教学原则;我国古代教育著作《学记》总结出"教学相长""长善救失""藏息相辅"等教学原则,都属于这种类型。随着教学实践的不断发展以及相关学科的重大突破,教学理论也获得了长足的进展。具体的教学实践一旦上升到理论的高度,便会以新的形式来指导教学实践。由此产生了从某种教学理论出发,通过逻辑的推演方法,构造出一整套教学原则体系的方式,即理论推演型。例如,布鲁纳从结构主义教学理论出发,根据相应的假设推演出动机原则、结构原则、程序原则和反馈原则这四大教学原则。与前一种方式相比,这种方式提出的教学原则体系比较完整,但由于过分倚重理论推演,其实用性和对教学实践的指导涵盖面相对较小,在实践中显出局限性。较为普遍的方式是把理论推演和实践概括两方面结合起来提出教学原则体系,而且在理论推演时不局限于单一教学理论而综合多种教学理论的优点,即结合型。这种方式能够兼顾理论与实际两方面,为提出既具有理论深度和广度,又具有实用性的教学原则体系提供了坚实的基础。

第二节　高等学校教学原则体系

根据高等学校教学过程的特点,高等学校的教学原则,有些与普通学校教学原则用词相同,但含义与实施的要求不尽相同,而有些则是普通学校教学原则体系所没有的。根据高等学校教学过程的理论与高等学校教学实践的发展,高等学校教学原则主要应包括如下这些:①科学性与思想性相结合的原则;②知识积累与智能发展相结合的原则;③理论联系实际的原则;④教学与科研相结合的原则;⑤系统性与循序渐进的原则;⑥因材施教与统一要求相结合的原则;⑦教师的主导性与学生的主体性相结合的原则。下面阐述各个教学原则的具体要求。

一、科学性与思想性相结合的原则

科学性与思想性相结合的原则强调在教学过程中既要向学生传授精确的科学知识,使之养成严谨的科学态度,又要把马克思列宁主义的科学方法论渗透到整个教学过程中,同时培养学生的思想品德,使知识教学与思想教育结合成一个有机的整体。在教学中贯彻科学性与思想性相结合的原则要努力做到以下几点。

第一,教师要努力钻研,不断提高自己的学术水平,养成严谨求实的科学态度,形成科学的世界观和方法论,并用于把握教学内容,指导教学实践。教育是用灵魂塑造灵魂、用人格培养人格的活动,教师优秀的人格品质是最具有感染力的教育资源之一。教师必须不断地提高自己的科学知识水平和思想方法素养,并将其融会在自己的人格特征之中,才最有可能在教学过程中做到科学性与思想性的完善结合。

第二,追踪世界科学发展的最新成果,并根据教学需要不断增加新的内容,淘汰陈旧的知识,做到常教而常新,使教育与本门学科发展的水平相适应。不管是基础课教师还是专业课教师,都要不断留意本门学科的最新发展,尤其是对本门学科中出现的新思潮以及对今后的发展可能起重要作用的成果,要用马克思主义的世界观与方法论进行分析与评价,对那些已被证明是错误的观点要进行适当的批评,以培养学生的科学兴趣与科学意识,以及对重大问题进行科学分析的能力。

第三,引导学生对现实问题进行科学的分析与思考,培养学生分析与解决问题的能力,养成学生正确的世界观与方法论。一般大学生对现实问题有较大的兴趣,但往往用过于理想化的方法去分析,容易得出一些偏激的结论。因此尽可能地联系现实生活中的各种问题进行教学,不但有利于引起学生的学习兴趣,而且对于培养学生实事求是地分析问题,形成科学的世界观和方法论大有裨益。

二、知识积累与智能发展相结合的原则

知识积累与智能发展相结合的原则,强调在教学中既要向学生传授必要的基础知识与专业知识,为其全面发展打下坚实的知识基础,同时又要重视从知识到智能的转化,培养智力,发展能力。知识与智能是互相联系而又有区别的两个概念,忽视它们的区别或人为地割裂其间的联系都是错误的。首先,知识不等于智能,知识积累并不自然导致智能的发展,知识较丰富但智能水平并不高的现象即"高分低能"还大量存在。这说明我们首先要清除那种认为在教学过程中只要教会学生知识,其智能就必然会得到相应发展的错误观念。其次,知识积累与智能发展的内在联系为二者在教学过程中互相结合提供了可能性。一方面知识是智能发展的必要条件,所谓智能就是运用知识解决问题的能力,如果没有一定的知识作为基础,智能的发展也就成了无源之水、无本之木;另一方面,智能发展的基本形式是对知识的分析、综合、运用,这一过程不但是智能发展的基本环节,也是知识积累入室升堂达到一个新的高度所不可或缺的基本过程,因而智能的发展也有益于知识的积累。一个智能发展水平较高的人,其知识积累的深度、广度、速度都有条件达到比他人优越的境界。在教学过程中做到知识积累与智能发展相结合的根本途径,在于充分调动学生学习的积极性、主动性和探索精神。从根本上来说,教学过程是一个从已知到未知的过程,其基本形式不外乎用已有的旧知识去解决问题从而获得新的知识。这一过程中必须调动学生的积极性,使他们参与这一过程之中,把运用知识作为获取、积累新知识的手段,把知识积累与智能发展结合起来。如果学生的积极性没有调动起来,这一过程就仅仅是教师单方面地向学生灌输知识,知识积累与智能发展就会相互脱节。实施这一原则要注意以下几点:

第一,要重视基础知识的教学。基础知识指形成学科基本构架的基本概念及其相互之间的联系。这些知识具有比其他知识更大的学习迁移价值。因此,学生如果掌握了这些基础知识,更有利于分析问题和解决问题,更有利于智能发展,做到"举一反三",触类旁通。另外,基础知识是进一步学习所必不可少的基础,掌握不好,就会在继续学习的过程中产生障碍,不但影响知识的获得,也不利于智能的发展。因此,重视基础知识的教学,加强对学生的基本训练是贯彻知识积累与智能发展相结合这一教学原则的前提条件。

第二,充分了解学生已有的知识水平与智能结构,恰当把握教学内容的难度,使之与学生的基础知识水平及智能结构相适应。把握适当的教学内容难度,选择合适的教学方法,是有效地实施知识积累与智能发展互相结合这一原则的关键。如果教学内容停留在

学生已有的水平上,就不能引发学生的学习兴趣,学生既不能有效获得知识,其智能也不能顺利地发展;反之,教学内容超出学生接受的可能范围,则同样难以取得好的效果。教学内容在难度上应高于学生已有的知识水平而又能使学生通过努力可以掌握。有人比喻说,教学内容好比树上的桃子,教学内容的难度应使学生跳起来刚好能摘到"桃子"。适当的难度,一方面使学生不能轻而易举地掌握教学内容,而必须通过自己的积极思考与努力探索才能掌握;另一方面,学生已具有的知识水平与智能结构又能使这种思考与探索取得积极的效果,从而在知识和能力这两方面都达到一个新的高度。

第三,要培养学生的学习兴趣,实施启发式教学。兴趣是最好的老师,只有引导学生的兴趣才能唤起他们的学习积极性,使他们处于积极的思维状态,从而促进智能的发展。积极的思维状态不仅有利于学生在教学过程中把已有的知识和经验与获得新的知识融合起来,使之成为一个有机的整体,成为可以灵活应用的知识,而且思维能力也会因此得到提高,从而使智能得到发展。

三、理论联系实际的原则

理论联系实际的原则,强调在教学过程中要将理论知识的教学与实际结合起来,培养学生应用理论知识分析实际问题和解决实际问题的能力。

教学过程是一种特殊的认识过程,其特殊性表现在其认识的对象主要是人类已有的文化成果,这些文化成果大量的是以各种学科的理论知识和间接经验的形式表现出来的。教学中认识过程的这种特殊性容易导致理论与实际的脱节,所以在教学中将两者紧密结合起来是培养社会主义现代化建设所需人才的基本要求。贯彻理论联系实际的原则要注意以下两点。

第一,要加强理论的教学,把理论知识教透、教活。强调理论联系实际并不是要削弱理论知识的教学,恰恰相反,要培养学生运用理论知识分析和解决实际问题的能力,离不开扎实的理论功底。有些大学生不能很好地用理论去解决实际或现实问题,或是由于对理论知识掌握得不牢固,或是因为对理论采取了过于教条的态度。因此理论知识的教学一是要教"透",使学生能够把握其实质,并能牢固掌握;二是要教"活",使学生能够在不同背景和条件下,灵活地运用理论知识,对具体问题进行具体分析,并创造性地解决实际问题。

第二,要为学生把理论知识运用于解决实际问题提供机会和园地。在高等学校,这样的机会和园地通常主要有下面三种途径:一是通过实践教学环节,如生产实习、社会调查、实验、毕业设计或毕业论文等,为学生将理论运用于实际提供机会;二是通过一定的体制或制度,如建立教学科研生产联合体或产学合作的方式,或采用"工读"课程形式,使学生亲临社会生活实际情景,将理论知识与社会实践结合起来;三是通过学科发展史的教学展示理论形成过程,使学生认识理论是如何从实践中产生出来的。

四、教学与科研相结合的原则

这条原则是指要恰当地把科研引入教学,培养学生独立探索问题与进行科学研究的能力,使之掌握科学研究的基本方法,养成科学精神与科学态度。这条原则反映了高等学校与普通中小学在学校职能和教学过程上的差异性。学生在进行教学过程中参与科学研究,系统接受科研训练,是使创造能力和探索精神得到进一步提高的重要途径之一,同时也是培养学生的进取心与端正治学态度,养成集体协作的优良品质的重要渠道。在教学中做到教学与科研结合,要注意以下四点。

第一,教师要努力提高科学研究能力。以科研为主的教师要把科研与教学结合起来,给学生讲自己的科研体会,在可能的条件下引导学生参与部分研究工作,并及时把科研成果反映到教学中来,以科研带教学;而以教学为主的教师也要做科学研究,光搞教学不做科研无法用新的理论不断充实教学内容,也不能用新的见解来研究问题,更不能给学生在科学研究方法上以恰当的指导。在今天,要给学生"一杯水",要求教师已不是"一桶水",而是源源不断的"活水",科学研究正是这一"活水"的源头。因此,科学研究对以教学为主的教师来说是非常重要的,即使是没有科研任务的基础课教师,也要根据教学需要对教学内容的重点、难点进行研究,力求提出新见解和解决问题的新思路,以教学带科研。

第二,贯彻这一原则的核心是在对学生进行科研方法的训练过程中培养学生的创造力。创造力是指对原有事物或思想进行改进或创设新事物、新思想的能力,创造力是培养科学思维方法与能力的根本目标。一个人创造能力的大小直接影响其科学研究能力,很难设想一个没有创造力的人能够在科学研究中做出成绩。在教学中不断地提出问题或引导学生自己提出问题,使他们一直处于一种积极的探索状态之中,创设解决问题的情境,从而营造出一种创造性的课堂气氛,对于培养创造力具有重要的作用。另外,鼓励学生参加各种类型各种层次的科学研究活动,捕捉他们在这些活动中迸发出的创造火花,并加以有效的指导;改革教学内容,努力反映现代科学技术发展的最新水平;等等;都是培养学生的创造能力,实现教学与科研密切结合的重要手段。这里应当指出的是,在科研训练中,培养创造力是一个相当耗费时间的过程,因此,除了应在时间上保证知识的系统性,防止过多的科研活动冲击基本教学过程的倾向外,还应注意精心挑选那些对于学生创造性培养最为有效的科研活动,使科研和教学有机地结合起来。

第三,努力培养学生正确的科学态度,养成良好的科学研究品德。科学态度是指科学研究中所必备的严谨求实的态度和不怕挫折、对科学精神坚忍不拔的追求精神。教师在教学过程中要努力培养学生的科学价值观，使他们认识科学的价值，以培养对科学的兴趣与为了追求科学价值的实现而不怕困难的精神，树立实事求是、是非分明、踏实认真的学风，克服不求甚解、浅尝辄止的浮夸作风，坚决杜绝弄虚作假、抄袭剽窃等不道德行为，养成互相帮助、集体合作的科研风格。

第四，要把科研训练和各门课程的教学结合起来。各门课程的教学是进行科研训练最经常也很有效的一条途径。离开这一途径而单纯地靠专业的科研训练是很难取得良好效果的。

五、系统性与循序渐进的原则

这条原则主要指教学过程中要把知识发生发展的系统性与个性认识发展的逻辑顺序结合起来，使其既保持知识的系统性，不至于支离破碎，又能适应个体发展的需要，促进学生认识能力的发展。系统性在这里有两层含义：第一是指每门课程中的具体知识都要用一些基本概念与基本理论进行整合，使之构成一个严密的逻辑系统；这一系统的逻辑次序也可以与知识最初时的顺序不同。第二是各门课程之间不能互不相干，要用一定的课程组合方式进行处理，使之构成一个有机的整体，达到培养高质量人才的目标。

系统性与循序渐进的原则要求处理好知识的逻辑性与学生认识能力的关系。这是教学过程得以顺利发展的关键。瑞士心理学家皮亚杰认为，认识的发生过程表现为个体认知图式与认知对象的结构基本一致时，个体就可以认知对象，这种认知被称为同化；如果个体的认知图式与外界事物的结构不一致，就必须改变个体的认知图式，使之与外部认知对象的结构一致，使认识活动能够发生，这种认知叫做顺应。同化与顺应是个体认知的两种方式，其发生的最终机制都是认知图式与外在认知对象在结构上的一致性。这与系统性、循序渐进原则要求的知识的逻辑顺序与个体认识的逻辑顺序的一致性是同一原理。要贯彻系统性与循序渐进原则，应该做到以下几点：

第一，要正确处理基础课、专业基础课、专业课之间的关系，使之既成系统又有一定弹性，能够根据需要灵活地进行调整。当前我国社会主义市场经济体制的逐步确立，要求高等教育也要从人才培养的单纯计划模式中解脱出来，以适应市场经济快速变化的要求。在课程设置上要求加强基础、拓宽专业口径，依靠选修课程来体现专门化方向。这样，一方面可以使这些课程保持适当的结构，体现出系统性的要求，另一方面又能够通过对选修课的调节及时适应市场对人才需求的变化，保持一定的灵活性。另外，各门课程在内容的衔接上，基础课程既要根据专业的不同有所侧重，又要保持基础课程本身的学科完整性，才能使人才的知识、能力结构趋向合理。

第二,教师要认真钻研教学内容,根据学科的基本结构和学生认知结构特征进行教学。学科的基本结构体现在该学科的系统性,教学自然不能离开这个系统性。而学生的认识过程是一个从已知到未知的过程。因此,要正确处理已知和未知的关系,根据学生的认知能力与认知结构的特征,坚持由浅入深、由易到难、由简到繁,逐步加深所学知识的深度,从而体现循序渐进性。

第三,要帮助学生克服好高骛远、不求甚解、急于求成的心理倾向,树立求实、勤奋的学风。大学生充满朝气、思维敏捷,但如果没有正确认识循序渐进的要求,很容易养成急于求成的毛病,有时候会对基础训练感到厌烦。教师应向学生讲清循序渐进的道理,使他们认识到基础训练的重要性和踏实学习的必要性。此外,还要通过有目的、有计划、有系统的读书、做作业、复习、检查与评定等活动,养成学生系统地、循序渐进地进行学习和研究问题的习惯,形成优良的学风。

六、因材施教与统一要求相结合的原则

这条原则是指要根据学生的个别差异,有针对性地进行教学。同时要根据社会的要求和学生学习的共性,对所有学生都有一个共同的要求。学生的个别差异是客观存在的,正像世界上没有两片完全相等的树叶一样,也不可能有两个完全相同的人。不同的知识背景、智能结构、认识兴趣、能力倾向必然导致不同的发展道路,个人水平上的差异也必然使教育具有多样的水平要求。但承认差异性并不排斥共同性,而是在承认个性的前提下去寻求共同性,做到共性与个性的统一,应注意以下两点:

第一,要了解全体学生的实际情况,根据学生的差异,有针对性地进行教学。教师要研究学生,了解全体学生的知识水平、学习能力、兴趣、爱好和特长,了解他们的思想方法和学习方法,以满足不同学生的不同要求作为教学活动的出发点。

第二,必须把尊重学生的个别差异建立在统一要求的基础上。提倡照顾个别差异和因材施教并不是主张让学生完全自由地进行学习,恰恰相反,正是为了广大学生更好地达到德、智、体全面发展的总目标,因材施教才有意义。任何社会都对高级专门人才从其能力、品质等方面有一个共同的"达标"要求,如果没有这样的统一要求,因材施教也就没有意义。因此,高等学校的教学工作,从目标的确立、教学的具体实施,到其他一系列的教学环节以及课外活动,都应该围绕总的教学目标来进行。达到共同的教学目标是因材施教的最后归宿,此即所谓"殊途同归"。"殊途"指教师要根据不同的学生采取不同的方式,并且引导学生在学习中发挥自己的优势;而"同归"则指教学要始终朝着培养全面发展的人这一目标,努力培养合格人才。

七、教师的主导性与学生的主体性相结合的原则

这一原则是指教学过程要在教师的指导下充分发挥学生的主动性和积极性,使之能相对独立地进行探索和学习。

这一原则是任何教学过程都必须遵守的,因为没有学生的主体性,教学过程就无法进行;而没有教师的主导作用,学生的主体性就不能充分发挥,所以两者应相互结合。大学生经过中小学的学习,已经掌握了一定的科学文化基础知识,形成了进一步学习所必需的基本技能,具备了一定的科学世界观与方法论素养,因此,高校学生的自学与研究是一个极其重要的方面,教师的主导作用主要表现为引导与点拨。在教学过程中如果不注意高等学校教学对象的上述特点,忽视大学教师主导性与中小学教师主导性的不同表现形式,就会抑制学生主体性的发挥,不利于人才培养。贯彻这条原则要注意以下几点:

第一,要使学生理解学习的过程,掌握正确的学习方法。自学是大学生发挥主体性的重要表现形式。自学的效率取决于学生的学习过程是否符合学习的规律,取决于其是否正确运用学习方法。教师在整个教学过程中都要重视对学生进行学习方法的训练,使之明确学习的总目标、每门课程的具体目标,不断探索达到这些目标的方法。一旦掌握了这些方法,学生就能够充分发挥自己的主体作用,教师的主导作用也表现得越有力。

第二,运用启发式的教学方法,激发学生的学习兴趣,鼓励他们积极主动地探索。学生主体作用的发挥离不开教师的主导作用,但教师的主导作用决不是包办代替,让学生掌握现成的结论,而在于引起学生的兴趣,在学生解决问题的思维过程中进行方向性的引导,即《学记》中所说的,"导而不牵,强而不抑,开而不达"。

第三,要在尊重学生的基础上对学生严格要求。教师对学生的严格要求与学生的主体性是一致的,没有严格要求,学生就不能养成良好的学习习惯,掌握正确的学习方法,也不会有良好的思维方式,教师的主导作用便无从体现,学生的主体作用也不能发挥。但是严格要求必须建立在尊重学生的基础上。只有当学生体验到自己是受尊重时,严格要求才能收到好的效果。

以上列举了七条教学原则,这些原则彼此间是相互联系、相互制约、相互促进的。在教学过程中往往很难说某项教学活动只需贯彻某条教学原则,某项教学成绩只是实现某条教学原则的结果。因此,在教学过程中不能孤立地看待或实践某条教学原则,而应当全面地理解和实践各条教学原则,不断地把教学工作推向前进。

第三章　本科院校教学方法

第一节　教学方法的几个基本理论问题

一、教学方法的概念

教学方法的内涵有广义与狭义之分。广义的教学方法(一般称为教学法)是指为达到教学目的和完成教学任务所采用的途径和方法的总称。其中也包括教材编写方式、教学组织形式等。狭义的教学方法则是指在教学活动中,教师如何对学生施加影响、怎样把科学知识传授给学生并培养学生能力、发展智力,形成良好道德品质和素养的具体手段。我们所说的教学方法,一般指狭义的教学方法。

教学方法与学习者的认识心理、情感意志有关,从而与学习者的学习方法有着密切联系,两者相互影响。但是教学方法和学习方法毕竟是两种相对独立的方法体系。在教学活动中,教师的教育影响是起主导作用的,因而是高等教育学的主要研究对象之一。而大学生学习方法的研究,则主要是大学生心理学和教育心理学的任务。本书所说的教学方法,即是指"教的方法"。

二、教学方法的范畴

教学方法从其归属上看,究竟主要属于科学范畴还是主要属于艺术范畴,这是教育理论中一个一直没有定论的古老问题。历代教育思想家对此有不同的观点和说法。在当代教育实践中,在许多教师的思想中,可以明显看到或感受到把教学方法主要归于科学或主要归于艺术的两种倾向。这两种倾向无论对于教学实践还是对于教学方法改革的方向,都具有重要影响。例如在教学方法改革中,如果把教学方法主要看做是科学范畴,那么改革方向就是如何使高校教学方法科学化,同时为此制订一些评价标准,并把改革着眼点放在推广那些"最优化的""规范性的"或"科学性强的"教学方法上;而如果把教学方法主要看做是艺术范畴,那么改革方向就必然鼓励广大教师去创造性地结合自己的学科、自己的特点形成各自独特的教学风格。显然,两种倾向各有偏颇:前者只强调了共性,后者则只偏重了个性。在教学方法归属问题上,不能用简单的方式去掂量科学与艺术孰轻孰重,这两者是一种辩证统一的关系。这种关系表现在以下几个方面。

(1)在教学方法中既有科学成分,也有艺术成分。在不同条件下,二者所起的作用可能会有所不同。但就性质而言,科学在其中属于主导或核心地位,而艺术则是这种主导、核心地位的外显形式。

(2)教学方法中的艺术是科学性基础上的艺术,脱离了科学的艺术,就如同无源之水,无本之木,会迷失方向。

(3)教学方法中的科学性必须通过艺术来体现,没有艺术体现的科学,无异于死板的教条,难免引向格式化,陷入僵化。

(4)科学具有共性、普遍性和规范性,艺术则在于体现个性、特殊性和创造性。教学方法效果的好坏,取决于共性与个性、普遍性与特殊性、规范性与创造性相互统一的程度。

由此可以推知,高校教学方法的运用以及进行改革应遵循的一条原则是,使教师在掌握教学方法的共性、普遍性和规范性的原理和技能的基础上,去追求个性、特殊性和创造性,而不是相反。俗话说,熟能生巧。用这四个字来比喻教学方法中科学与艺术的关系也许是最贴切的。"熟",即对科学原理、技能、规范的熟悉和掌握,"巧"则是在熟练基础上的创造性运用。不"熟"便谈不上"巧",只"熟"而不能生"巧",便是僵化刻板的表现。那些公认教得好的教师,必然都自觉不自觉地符合了教学方法使用的科学原理、规范和程序,然后才能在此基础上发挥教学的艺术作用。但在教师对科学原理、规范和程序熟练掌握程度相同的情况下,教学艺术的运用就成了提高教学水平的关键性因素。

三、教学方法的性质

教学方法本身有无优劣之分,这也是一个基本理论问题。在回答这个问题之前,不妨先进行简单的分析。

首先,同一种教学方法由于教师所教学科内容不同,自身的能力、性格特点以及所教学生的差异,在使用中就可能产生一些效果上的差别。这个差别有时是很大的。所以某些方法对于某门学科、某项内容、某位教师、某些学生来说,可能更合理,而对于另一些学科内容、另一位教师、另一些学生来说,可能就不那么合适。这是客观存在的。就此而论,无法断定某种教学方法是绝对优于另一种方法的。

其次,任何一种教学方法都有其自身的特定作用或功能。对于某个教学目标或教学环节来讲,甲方法可能较佳,而对于另一个教学目标或教学环节来讲,乙方法或许更合适。因此,某种教学方法的好与不好,只能相对达到教学目标时的作用和完成教学环节时的功能而言,不能笼统地将其划分优劣。

再次,在教学方法中,有些是传统的,如讲授法、讨论法等,也有一些是随着现代科学技术的发展才产生或完善的,如模拟法、程序教学法等。但同样是一种教学方法,却可在不同的教育思想指导下使用而产生不同效果。传统方法若在正确教育思想指导下使用,可以发挥最佳功能,达到最佳效果,而现代教学方法若在不正确的教育思想指导下使用,效果必然不好。因此,不能从教学方法产生的时间上来对教学方法的"好"与"不好"做出判断,关键在于这种方法是在什么样的教育思想指导下使用的。

通过以上分析不难得出这样的结论:教学方法本身并无绝对的优劣,各自在教学活动中有着不同的功能和作用,关键在于是用什么教育思想来指导其使用的。这一结论对于高校教学方法的选择和使用的含义在于,应寻求树立正确的教育思想观念,并熟练地根据教学目标、教学内容、教师自身个性以及学生个别差异等情况来选择最为合适的方法。

四、高等学校教学方法的特殊性

从性质上说,由于高等学校的教学方法所依据的基本原理、原则与普通学校教学方法是一致的,因而就方法自身而言,并没有什么特殊的地方。但由于高等学校实施的是专门教育,又是传授高深学问的场所,加上大学生身心发展的特点,因而在使用教学方法的过程中,就表现出一定的特殊性。这种特殊性是高等教育不同于普通中小学教育的特点所决定的。

根据高等教育是专门教育以及大学生身心发展这两个特点,可以看出:首先,高等学校的教学是处在社会发展和科学文化知识发展最前沿的,是在科学文化发展的过程中进行探索的。因此,高等学校教学方法一方面具有很强的专业针对性,另一方面具有探索性。其次,大学生在生理、心理上已趋成熟,他们不是简单吸取知识和形成一般能力,而是要深入到科学文化发展过程中,掌握科学方法论和构成思想基础的方法。因此高等学校教育方法更接近研究方法。概言之,如果说高等学校教学方法与普通学校教学方法相比具有特殊性的话,那么这种特殊性就表现在:明确的专业指向性及科学文化发展过程和研究方法的接近性。

但是应当指出,就教学方法自身而言,有许多方法是普通中小学和高等学校共同使用的。在方法的功能、程序、步骤以及使用它们的规则、条件等方面,是基本相同或相近的。人们之所以讲高等学校教学方法具有特殊性,实际上讲的是在使用同一种方法时,必须注意它所服务的目标以及其他各种制约和影响教学方法的因素与中小学的不同,以防止将中小学中使用同一种教学方法时的具体做法生搬硬套到大学中来。

以上简要地阐述了教学方法的四个基本理论问题,这些理论问题对于正确认识和使用教学方法很重要,同时也有助于教学方法的研究者更好地把握教学方法的本质,并据此研究新教学方法。

第二节　制约教学方法选择的因素

在整个教学过程中,教师对教学方法选择得是否合适,是影响教学质量的一个重要方面。要明智地、恰当地选择教学方法,首先必须了解制约教学方法选择的主要因素,在此基础上,通过深思熟虑和精心的工作,才能得到较好的教学效果。

制约教学方法选择的因素十分复杂,有些比较明显,有些则十分隐蔽,有些制约作用很大,有些则影响较小,有些比较间接,而有些很直接。迄今为止,还不能说对这些因素已经很清楚了。但多年的实践确已积累了大量经验,把这些经验加以归纳整理,可以找出一些比较主要的制约因素。按照这些因素与教学过程之间的关系和影响的方式,可以分为外部因素和内部因素两个因素群。下面分别加以阐述。

一、外部因素

制约高等学校教学方法选择的外部因素主要包括三个大的方面,它们是:社会生产力、科学技术的发展水平;经济、政治制度与体制;文化传统。

1.社会生产力、科学技术的发展水平

这一外部因素对高校教学方法选择的制约作用主要表现在两个方面。一是制约教学方法的硬件或外壳,对同一种教学方法的效果或效率产生重要影响。例如,同是演示法,高效能的电影、电视、录像设备,显然要比低效能的幻灯效果好。在讲授中使用粉笔与使用一定的电教辅助手段,其效果通常也是不同的。

生产力、科学技术水平的不断提高,在教学方法自身的功能、特性上发生的这些变化,教师在选择教学方法时增加了一种参照系,使有些本来用甲种方法来达到教学目标的打算很可能被用乙种方法的打算所替代。如有些实验法可能部分地被高水平的直观录像演示所替代,现场操作被模拟方法所替代,等等。这一制约因素对教学方法选择的含义在于,作为大学教师,应随时关注新的教学硬件的功能变化及使用它的可能性,不断提高教学方法本身的效能。

另一个方面可称作教学方法的软件或内核。它是指随着生产力、科学技术的发展而产生出来的新的教学方法。如随着计算机技术的发展而产生的模拟法,随着心理科学对潜意识研究的深入而产生的暗示教学方法和对人的思维定势研究而产生的"头脑风暴法"等,就是很好的例子。新的教学方法的产生使教师在选择教学方法时有了更大的余地,也使教学方法体系自身功能不断地充实、完善。对此,大学教师也应有足够的认识。为接受新的方法而不断学习,并为此做好心理上、知识上的准备,应是大学教师的一种责任,也是教学方法改革的一项重要任务。

2.经济政治制度与体制

一个国家的经济政治制度对高校教学方法选择的制约和影响作用,通常是通过上层建筑、意识形态的折射来实现的,而"政治是经济的集中表现"。因此,政治制度以及由它派生出来的一系列意识形态、法律和带有政治色彩的各种强制因素,都有可能在高校教学方法选择上产生重要影响。从大的方面讲,民主政治和独裁政治对学校的要求显然不同:如法西斯独裁政治对待高等教育,主张完全采用单向的、强制的方法,几乎排斥了一切协商式的、讨论的方法。而民主制度本身就反对单向注入式,而以民主讨论作为其达到意见一致或相互协调的手段。这对高校教学方法的选择无疑会产生制约作用。我国主张社会主义民主政治,因而在整个教育过程中,都体现出方法上的多样化、和谐性。不过这种制度与体制上的影响作用也不是绝对的,其特点是通过某种意识形态或政治手段对高校中教学方法的选择产生影响。这中间的一些机制尚待进一步研究。

3.文化传统

经济政治制度与体制通过意识形态的、上层建筑的折射对高校教学方法选择产生影响和制约,往往与文化传统的制约和影响交织在一起发生作用,有时很难加以区别。二者的区别主要在于,文化传统的影响不带有强制性,是一种自发的,积淀在人们头脑中的习惯势力。它有时与社会经济政治制度和体制以及由此产生的上层建筑、意识形态相一致,有时则与之相左或不大一致。

文化传统是一个含义较为广泛的概念。因而其对高等学校教学方法选择的制约和影响作用也就显得格外广泛和难以捕捉,有时既影响到教学方法选择,也影响到对所选择的教学方法的理解和运用。对师生关系、教学与科研关系的不同认识,民族个性、指导思想上的差异,地域文化的特质等,都会在大学教师的思想观念深处打下烙印,从而影响教学方法的选择。仅以哲学思想为例,人本主义与科学主义在教学方法选择上就显示出明显的观点上的差异:程序教学方法是科学主义所提倡的,而人本主义则认为这种方法会扼杀人的创造力,也不符合人的本性。不过,文化传统对教学方法选择的影响远不及其对教学方法运用所产生的影响广泛,只是目前对后者的研究不如以往受人重视罢了。

二、内部因素

比起外部因素,内部因素对教师选择教学方法具有明显的影响作用,也是教师选择教学方法的主要参照。对教学方法选择具有制约和影响作用的内部因素大致可分为直接与间接两部分。间接因素包括根据教育目的而制订的各专业培养目标,根据教育理论和社会需要而制订的教学原则,对学生学习的规律性的认识,以及教师对师生关系、课堂气氛的理解等。这部分因素与外部因素纵横交错在一起,常常不易分清楚。其区别主要在于,内部因素往往是教师主观上自觉地认识到的,并在选择教学方法时作为参照,而外部因素常常是不易自觉地加以考虑和参照的因素。

内部因素中的直接因素主要有以下几个:教学目标、教学策略、教学内容、教学事项、教师个性与素质、学生个别差异等。这些因素对教学方法选择来说,是非常重要的,也是教师应当明确认识和了解的。在某种意义上讲,熟练掌握和运用教学方法的一个重要组成部分,就是对制约教学方法选择的这些内部因素有明确的认识,在实践中作为主要参照。下面分别来阐述这些直接因素与教学方法选择的关系。

1.教学目标、教学策略与方法选择的关系

方法是达到目的的手段,目的是通过方法来达到的。两者密不可分,教学方法总是为着一定目的服务的。因此,在所有的内部制约因素中,教学目标乃是教学方法选择所要依据的最重要的因素,亦即,一种教学方法是否合适,最主要的衡量标准就是看这种方法对于达到教学目标是否起到应有的作用。例如,教学目标之一是要培养学生某种实验操作能力,那么实验法显然比单纯的讲授法更有利于达到目标。不过,在高等学校教学中,为达到一个教学目标,常常需要几种方法的相互配合或优化组合。在这种情况下,往往要经过多次的实践才能确定哪种组合是最优的,是最有利于达到教学目标的。

显然,判定一种教学方法或一组教学方法对于达到目标是否有效,其前提条件就是要能够确定该目标是否达到了,也就是说,需要使目标本身具有可测性。关于这一点,关键是将笼统的专业培养目标加以层层分解,直到每个单元、每节课的教学目标。唯有如此,具体的教学方法的选择才能与教学目标对应起来。

还应当指出的是,教学目标有时并不是通过一种或一组教学方法就可以直接达到,而是往往要通过几个步骤或几条途径才能达到。例如,我们的教学目标之一是要通过教学培养学生外语的阅读能力,要求使之能在规定的时间内读懂一定数量和难度的外文资料。对于这样的目标,常常需要通过泛读、精读、强记生字、国外有关知识背景的了解等方面的综合训练才能达到。在这种情况下,对达到目标的步骤、途径和反复性的安排和策划,就非常必要。这种策划的结果被称为教学策略,教学策略中某个步骤、途径的安排,同样需要配以相应的教学方法。仍以外语阅读能力这个目标为例,强记生词往往可采用暗示教学方法,泛读和精读可配以讲授和讨论法,以及自学指导法,而背景知识的积累则多用自学指导法,等等。可见,教学策略与教学目标是同一问题的两个方面。至于教学目标是否一定要有教学策略与之匹配,则取决于对教学目标的概括程度。教学目标的概括程度越低,内涵越少,所需教学策略越简单(甚至不必要),因而与教学方法的选择更为直接。反之,教学目标概括程度越高,内涵越多,所需教学策略越复杂,因而与教学方法的选择也更显间接。实际上,教学策略在某种意义上讲,也可看做是教学目标的再分解。但通常为了使教学目标的数量保持在有限数额内,为达到教学目标而采取的各种步骤、途径统称为教学策略。

2.教学内容与选择教学方法的关系

在教学活动中,不同的学科和不同内容也对教学方法的选择产生着影响,二者有着极其密切的关系,这种密切性可以通过三个方面来理解。第一,"教学过程既然主要是一种认识过程,也必然要根据不同的认识对象而采用不同的方法。"这是因为,不同的学科、同一学科的不同内容,认识的规律有所不同。因此就必须依据这些规律采用不同的教学方法。第二,不同学科、不同内容本身的特点不同,也需要有不同的教学方法来传授它们。例如社会学多采用社会调查方法,数学要做大量的习题演示,化学常用实验方法。第三,学科之间、内容之间不同的关系也需要采用不同的方法来传授。例如,为适应课程综合化这一教学改革趋势,出现了学科间不同程度的综合形式。对于这些不同形式,也需要配以不同的教学方法。像程序教学法、问题教学法等,也都是从内容之间的相互逻辑关系出发来考虑其传授方式的。因此,教学方法的选择是要受到教学内容制约的。

3.教学事项与选择教学方法的关系

什么是教学事项?通俗地讲,就是课堂教学中必须涉及的一些教学环节。有些教学事项是几乎每节课都要碰到的。在高等学校,课堂教学占有主要地位,因此在考虑教学方法制约因素时,绝不可忽视教学事项这个直接影响因素。

在课堂教学中要碰到的教学事项大体有如下这些:①向学生说明本节课(或本单元)的教学目标;②激发学生的学习动机;③回忆以前所学过的有关内容;④引入新内容;⑤指出新内容中的关键点或难点;⑥应用新知识;⑦对学生学习情况做出评价。

国内外的教学实践证明,在课堂教学中如果全部包含了这些教学事项,其教学效果要比只包含其中若干项的效果要好。在高等学校,对这些教学事项,往往最容易忽视的是第一项和第七项。心理学研究成果告诉我们,当学生在教学活动中具有明确的目的时,其学习效果要比不了解本单元、本节课的目标时对教材掌握得更牢固。心理学研究成果同样显示:当学生对自己的学习情况通过教师的反馈有所了解时,其学习的效果就会更好。然而这些最为普通的原理,在教学过程中却常被忽视。如果在这些方面给广大教师提供一些规范,情况就会好很多。

上述这些具有共同性的教学事项,最初是从普通中小学课堂教学实践中总结出来的,但对于高等学校教学同样具有重要意义。这里应当指出的是,这些教学事项在具体实践过程中,并不是严格按照上述顺序出现的,但在一般情况下,上述顺序代表了课堂教育过程中基本的逻辑顺序。

教学方法的选择与教学事项有着密切关系。具体表现在,每一教学事项的履行,都需要一些适合的教学方法。换个角度说,每一种教学方法都有其独特的功能或作用,某一功能或作用最适合完成上述的某个教学事项。因此,教师在选择教学方法时,必须考虑它们在完成教学事项中所起的作用。下面仅举三个例子对此加以说明。

例一,高等学校目前最常用的教学方法之一就是课堂讲授,或称讲授法。讲授法最大的长处或作用是它能很快地、大量而又集中地为学生提供新知识。这一特点是其他教学方法无法相比的。因此,这种方法对于完成"引进新内容"这个教学事项是最为合适的,但它不太适合于"应用新知识"和"对学生学习情况做出评价"这两个事项。

例二,"角色扮演法"是高等学校教学中较常用的方法之二,尤其对于外语教学更是如此。它的最大特点是能激发学生的学习热情和兴趣,因而对于"激发学生学习动机"这个事项发挥积极的作用,同时也可完成"应用新知识"这一事项。但它对于"引进新内容"和"指出新内容中的关键点或难点"这两个教学事项的完成,并无多大作用。

例三,高等学校教学中的另一种常用的方法是讨论法,它的长处在于能使学生尽可能回忆起以前所学过的知识,并且在讨论中最有利于抓住问题的关键。因此,它对于"回忆先前所学过的内容"和"指出新内容中的关键点"这两个事项的完成,能发挥最大的作用,但对于"向学生说明教学目标"就不适用了。

除上述三例外,其他教学方法在完成教学事项时的情况也都是如此。因此,在教学方法改革的过程中,使教师对教学方法的选择与教学事项的关系有个清楚的认识是非常重要的。

4.教师素质、个性与选择教学方法的关系

作为一名合格的高等学校教师,通常应具备两方面素质,一是政治思想素质,二是业务素质。教师的政治信仰、道德修养以及世界观、人生观对教学方法选择的影响是比较间接的。相对而言,其业务素质的影响是比较直接的。而在业务素质中,相对于教师的学科知识能力而言,其教育、教学理论水平和这方面技能技巧,对教学方法的选择更具重要性。

如果一位教师既懂得教育、教学理论,又乐于在教学实践中不断探索有效的教学方法和途径,那么这位教师肯定会比那些不熟悉教育、教学理论与技能,单凭热情来教书的教师,教学效果更好,或者在达到同样教学效果的过程中所付出的劳动更少、时间更短。因此,加强高校教师在教育、教学理论和技能方面的正规训练,提高他们的业务素质,不仅是提高我国高校教师选择和应用教学方法的效率的重要任务,也是教学方法改革所要完成的一个关键性任务。

除了教师的素质外,教师的个性对于教学方法的选择也具有重要影响。在教学目标和教学策略、教学内容、教师素质、教学事项相同的情况下,不同的教师所使用的同一种方法也会因教师个性的不同而产生不同效果。这里的个性指的是在教师个性心理特征基础上表现出来的教学风格、对不同课堂气氛的好恶、与学生的亲疏程度等。例如,对于一个平时总是保持一种严肃态度的教师来说,在使用"角色扮演法"时,可能就不如一位平日十分亲切和蔼的教师采用此法的效果好。再例如,一个善于与学生交往的教师在使用讨论法时,就会比一个很难与学生融洽相处的教师收到更好的效果。

教师个性对教学方法选择的影响是客观存在的,正确选择教学方法并非强迫教师改变自己的个性,而是应当使教师认识到不同的个性对教学方法选择的影响,从而选择适合自己个性的方法来达到教学目标和提高教学效果。

5.学生个别差异与选择教学方法的关系

心理学关于学生个别差异的研究,已成为教学理论的主要依据之一,对于教学方法的选择也不例外。上面所谈影响选择教学方法的五个内容因素,对教学方法改革的方向起着关键作用,其他影响因素可以看做是从这五个因素中派生出来的。因此,在教学方法改革中以这五个方面为依据来确定改革的方向和主要任务,应该说是非常必要的。

最后应当指出,影响教师选择教学方法的上述因素之间的关系极其复杂,因此目前还无法科学地建立起一种选择最适合的教学方法的模型或规范供教师参考,而且在教学过程中,教师的教学艺术也在发挥着重要作用,也正因如此,教学方法的改革显得格外复杂和困难。然而随着心理学、脑科学和教育科学的进展,对教学方法选择的科学性将会逐步得到提高。

第三节 常用的几种传统教学方法

教育实践在发展,教育理论在发展,因此,教学方法无论从实践上还是从理论上看,也在随着时间的推移不断地发展。有一些教学方法是多少年来一直沿用下来的,还有一些方法则是随科技发展和教育学、心理学理论的进展而开发出来的。为叙述方便起见,这里将高等学校教学方法分为传统的方法和新方法两部分来阐述。

一、讲授法

(一)讲授方法的作用

讲授法是教师通过口头语言向学生描绘情境、叙述事实、解释概念、论证原理和阐明规律的教学方法。但教师的讲授与学生的接受并不是一回事,同一位教师讲授同一内容,学生接受的效果却不同。这里除了教师讲授水平和学生接受能力的因素外,还涉及对讲授作用的实质的认识。

正确认识讲授作用的实质,要从学生掌握间接知识的规律来观察。学生对于间接知识的掌握是通过感知、理解、应用来实现的,其中关键是理解。如果没有学生自己的理解,就不能实现将他人的知识变为自己的知识的转化。讲授的实质是教师帮助学生理解,但不能代替学生的理解。讲授的作用一方面在于以教师对教材的理解帮助学生克服理解上的困难,另一方面在于教师以自己理解问题的方法去指导学生学会理解。因此,讲授的效果取决于教师如何运用自己的理解以达到学生的理解,它是由前一种理解转化为后一种理解的过程,而不是简单的传递和注入。

由上可见,讲授法既有其突出的优越性,也存在某些内在的缺陷。由于这种方法能使较多的学生在较短时间内获得大量知识,且又便于教学过程的控制,因而成为教学方法中的一种基本方法。同时,又由于它存在着不利于因材施教,不利于自学能力培养的局限性,因此不能将此方法绝对化而排斥或取代其他有效的教学方法。

(二)讲授内容的处理

所谓讲授内容的处理,是指根据课堂讲授的特点对既定的教学内容进行选择、加工和组织,其要求有如下几点:

(1)讲授内容应体现专业培养目标的要求,它是专业培养目标逐层分解的结果。

(2)讲授内容应在确定性与不确定性相互统一基础上求得科学性。在高等学校,既要传授给学生具有确定性内容的知识,也要向学生介绍科学发展中尚未解决的问题和尚未克服的矛盾,使学生看到科学中不确定的需要继续探求的一面,以激励学生的创造、探索精神。

(3)讲授内容要有思想性,应从学科内容的特点出发,贯穿有关的思想内容。为此,一方面要注意教材思想性的把握,一方面也要防止"离题"与附会。

(4)讲授内容应是以教材系统为依据的重点讲授,以及难点的突破。重点讲授与系统性是不矛盾的,它是在系统性的基础上,更加有效地在学生头脑中建立知识与知识之间、思路与思路之间的联系。

(三)讲授方法的运用

讲授方法的运用有以下四点基本要求,即激发动机、同步思维;结构严谨、说理深刻;虚实结合、表述生动;注意反馈、及时调整。

根据以上基本要求,可采用下面一些对应的方法。

(1)运用问题法(或叫矛盾分析法)。"思维由问题始",没有问题或矛盾就没有积极的思维活动,也没有解决问题的动机和兴趣。因此,教师应善于释疑,使学生的思维活动处于不断地出现矛盾和解决矛盾的过程之中。

(2)运用逻辑方法。科学知识和原理的讲授实质上就是一个形成概念、进行判断和推理的逻辑过程。所谓结构严谨、说理深刻,就是在讲授内容的整体结构上与具体的分析论证上要合乎逻辑。在讲授中通常所运用的逻辑方法主要是比较和分类、归纳和演绎、分析和综合等。这里应当指出的是,归纳和演绎,分析和综合,应在教学中交互使用,防止偏废,使学生的逻辑思维能力得到较全面的发展。

(3)运用理论联系实际及直观的方法。为了使抽象的理论知识更好地为学生所理解,需要将理论与实际联系起来,并尽可能地增强讲授的直观性,也就是做到虚实结合。理论联系实际,首先应讲明理论产生的实践根据或实验根据,其次应运用实例来阐明理论,或运用理论分析有关的自然现象或社会现象;第三是尽可能说明理论的实用价值或现实针对性。此外,在可能的情况下,尽量运用直观方法来配合理论讲授。

(4)运用教学语言。讲授也是一种语言艺术,课堂语言运用得好坏,对教学效果具有很大影响。教学语言使用的主要是做到干净(即少讲废话并避免口头禅)、准确和生动。

(5)注意学生的反馈信息。学生在课堂上的反馈信息是通过各种不同的情绪或表情反映出来的,教师应善于捕捉这些信息,及时调整讲授的输出信息,以引起新的信息反馈,从而使讲授过程处于积极的状态。

(6)学生听课方法的指导。讲授方法是讲课方法与听课方法的统一。教师在运用讲授方法时,还必须加强对学生听课方法的指导。听课方法的基本要求是:善听、善思、善记。

善听,即善于把握教师讲授的基本内容,注意教师是如何理解教材的,以及讲了哪些教材上没有的新材料、新观点、新方法。

善思,即善于通过自己的思考,将教师对教材的理解转化为自己对教材的理解,同时领会教师讲授中所使用的方法,从中吸取有价值的东西。

善记,即善于做听课笔记。它是以善听、善思为基础的活动,所记的东西应是讲授的要点及其逻辑联系、教材上没有的材料和观点,以及自认为精彩之处和存在的问题。

(四)备课

无论是新教师还是老教师,是新开的课还是教过多年的老课,都应认真地进行课前准备。备课的步骤,按其任务大体可分为三步。第一步是在钻研教材、参考资料和分析学生情况的基础上,按照一定的课时规定,进行讲授内容的选择、加工和组织,并写出讲稿或讲授提纲。第二步,根据确定的讲授内容进行教学法准备,包括教学方法的选择、设计与教具的准备。第三步是临上课前重温一下教案或讲授提纲,使上课时有充分的心理准备。

这里有两个值得注意的问题。其一是讲稿与教材之间应保持一种"不即不离、若即若离"的关系。讲稿对教材而言,既可以是补充性的,也可以是与教材在体系上、观点上相左的,这对加深、扩大学生知识面,培养学生批判思维能力是有好处的。其二是实际讲授时的临场发挥可能与讲稿不完全相同,或根据情况做临时调整,或临时想到更为精彩的例证,这些都是教师教学水平和教学机智的表现,也是搞好课堂讲授所必需的。

二、讨论法(课堂讨论)

(一)课堂讨论的作用

课堂讨论的基本特点是将教师指导、学生个人独立钻研、集体学习与交流三者结合在一起。这种方法的主要作用有四:第一,便于调动学生学习积极性;第二,促进学生对难点、重点问题的理解和理论知识的应用;第三,能较好地使学生思维能力、表达能力得到锻炼;第四,学生在讨论中的表现,也是评价教学质量和学习效果的重要参考。

课堂讨论的主要缺点是比较费时费力,因此只能有选择地适量地组织。根据目的和性质,课堂讨论可分为各种类型,如以理解和应用为主要目的知识性讨论,以弄清某难题为目的的讨论、以揭示问题矛盾为主旨的争论等。教师应根据需要进行准备,讨论组的大小及组织方式也应考虑到讨论的目的和效果。

(二)讨论的选题与准备

选择恰当的论题是保证课堂讨论达到预期效果的首要条件。选题的基本要求是:第一,论题要能体现课堂讨论的具体目的。目的在于加深对知识的理解,就应在重要的基本理论问题上选题;目的在于新知识的应用,就应选择具有理论意义的实际问题或案例;

等等。第二,论题的内容和表述要有启发性,并有讨论的余地,能引起学生解决问题的愿望和积极的思维活动。第三,论题的难易度应符合学生水平并照顾学生负担。

论题确定之后,就要做好讨论前的准备工作。对教师来说,准备工作包括对时间、活动方式、参考资料等做出具体安排,对学生提出具体要求,对学生准备情况进行检查,进行总结发言准备等。对学生来讲,应针对讨论目的和要求,查找相关材料,形成见解,并提出解决问题的论点与论据,整理成发言提纲。讨论后发言提纲应交给教师,作为考核的依据。

(三)讨论的组织与引导

无论什么类型的讨论,都应包括下列三个基本环节。

(1)讨论的进行。这是讨论的主体部分,教师在组织与引导时应注意以下几点:

①应预先指定若干个学生做开题发言,或简要报告自己观点,以便使学生尽快进入角色。②在讨论过程中,教师应使讨论始终围绕论题的中心展开,及时纠正偏离主题的情况。③应把学生注意力集中在论题的焦点上,使讨论能步步深入。④应控制好时间。通常一次讨论都不超过两节课,因此教师一要使学生发言尽可能简练,二要适时转题,不要使讨论纠缠在个别枝节问题上。

(2)讨论的总结。总结的主要内容,一是对学生发言内容加以归纳和评价;二是补充教师对论题的基本观点,即带有结论性的意见。有些一时难以作结论的问题也应加以说明;三是对本次讨论的优缺点,尤其是讨论方法加以总结,以推动学习方法的改进。

(3)讨论的成绩评定。学生课堂讨论应给予成绩评定,其依据主要是发言提纲和讨论中的表现。这无论对于保证讨论的质量还是对于改进成绩考核内容和方法,都是必要的。

三、实验方法

(一)实验方法的作用与类型

实验教学法是科学实验方法在教学条件下的运用。作为教学方法的实验,从内容上讲,多数为已有科学实验的重复;从方法上讲,则是对科学实验方法的学习与训练。因此,对自然科学教学具有十分重要的作用。主要表现在:

(1)验证科学原理,使学生更好地理解、掌握所学的理论知识。

(2)培养学生科学实验能力,使之掌握科学实验方法。

(3)培养学生严格的科学态度和求实精神。

高校教学中的实验可分为三种类型：

（1）演示实验。同课堂讲授结合进行，一般由教师操作与讲解，其目的是为学习新知识提供感性材料的事实依据。

（2）验证性实验。在理论学习基础上，按预先规定的内容和方法，在教师指导下由学生独立操作。其目的在于验证理论，加深对理论的理解和掌握，并对学生进行基本实验技能、方法、能力的训练。

（3）研究性实验，或设计性实验。在教师指导下，由学生独立进行实验的全过程。其目的在于培养学生运用实验手段探求新知识，并提高从事实验研究的能力。

（二）实验课的安排与设计

这方面应注意以下几点：

（1）要处理好实验教学与理论教学的关系，在内容上要有机衔接，在进度上要疏密得当，并保证一定的分量。

（2）要处理好经典实验与现代实验的关系。经典实验对于掌握基础理论、训练实验的基本功仍然是必要的，但要进行精选，数量要逐渐减少，同时增加现代的新的实验内容。

（3）要处理好验证性实验与研究性实验的关系。就本科教育而言，显然应以验证性实验为主，但不能只限于验证性实验，在高年级安排一定数量的综合性实验和研究性实验是完全必要的。同时还应创造条件，开放实验室从低年级就开始进行独立实验的训练。

（4）要处理好实验教学体系与科学实验方法体系的关系。近代以来，在实验方法上已形成了相对独立的方法论体系，因此应从本学科的特点出发，加强对科学实验方法论的学习和研究，努力探索在实验教学体系中贯穿科学实验方法论的有效途径。

（三）实验课的组织与指导

（1）实验课的准备。教师的准备工作，一是根据教学计划所规定的实验，编写实验指导书，实验目的要求、原理、步骤、方法、条件，以及应注意的问题，做出规定或说明；二是对难度较大的实验，教师要亲自做实验准备，做到心中有数，以免临时出差错；三是指导教辅人员做好仪器设备、药品等准备。

学生的准备工作，主要是做好实验预习，复习与实验有关的理论知识，熟悉实验指导书；同时还应尽可能组织学生参与仪器装配和药品的准备工作，使学生熟悉这方面的知识和技能，为今后的设计性实验打好基础。

（2）实验过程的指导。发挥学生在实验中的主动性和积极性是搞好实验教学的关键。为此，实验的编组，最好是每人单独做实验，条件不具备的也以两人一组为宜。在实验过程中，一切活动都应要求学生动手动脑，自己分析、处理实验中出现的问题。教师的指导主要是发现问题，及时向学生提出，在学生独立思考的基础上，给予方法上的指导。不应做过多的具体帮助。此外还应注重科学态度的培养和爱护公共财物的教育。

（四）实验成绩的评定

对学生实验成绩的考核应根据实验教学的目的要求，对学生的实验报告及实验过程中的实际表现进行综合评定。为此，可结合各个学科的特点，制订实验成绩评定的标准。作为理论课组成部分的实验，其成绩应在该课总成绩中占据一定比例。如实验不合格，则不能参加该门课的期终考试。

四、实习

（一）实习方法的特点和作用

高等学校的实习，一般分为教学实习和生产实习。教学实习是某一门课或相近几门课的实习，也称为课程实习，一般规模较小，时间较短也比较分散，可到校外现场进行，也可在校内的实习工厂、农场及有关现场进行。生产实习，包括师范院校的教育实习、医科院校的临床实习等。由于各类专业的特点不同，生产实习的安排也不完全相同。如工科将生产实习分为认识实习、专业实习、毕业实习，但不论什么专业都将毕业实习作为集中的总的实习。

生产实习具有以下不同于校内教学过程的显著特点：

第一，生产实习属于社会实践活动，都是在社会生产或工作单位，以工作人员的身份直接参与生产或工作过程。实习的一切目的都要通过实践活动来实现，因而具有实践性。

第二，生产实习既是学科上的综合训练，又是知识、能力、思想的综合训练，因此具有综合性。

第三，生产实习是以学生为主体独立进行的，学生要作为一名工作人员独立承担任务，因而在各种教学方法中，是学习独立性最强的。

第四，在生产实习过程中，学生在思想状态、知识能力及实际工作状况上表现出比校内课程教学中更明显的差异性。

第五，由于生产实习一般是分散在各单位进行的，各单位情况具有较大差异性，这种差异性对实习安排和效果都会产生直接影响。

实习的重要作用主要表现在以下三个方面：

（1）对学生是一次集中的综合训练。通过实习，对实习生来说至少可以达到四个目的——进行思想与职业道德的教育；提高专业水平，特别是提高从事专业工作的实际能力；检验在校期间的学业水平，明确努力方向；了解和熟悉社会情况及未来工作的环境。是一次全面的学习、检验和提高。

（2）对学校是检验教育质量的重要措施。通过实习的检验，可以对学生的质量做出一些基本的分析和估价，作为全面评价学校教育质量、改进学校教育工作的重要依据。

（3）实习是加强高等学校同社会联系的重要渠道。

（二）实施正确的实习指导

实习的指导力量，包括学校实习指导教师和实习单位的有关业务人员，尤其应发挥实习单位业务人员的指导作用。

对实习指导工作的基本要求有四点：

（1）要有周密的计划。包括学校、系、实习点及实习生个人计划，要逐层落实，对各实习阶段可能发生的问题，在做计划时要有所预估，并逐一加以解决。

（2）要实施全面指导。具体内容包括：①对实习生的思想指导；②对实习生业务工作的指导；③组织实习生进行社会调查；④关心实习生的生活与健康；⑤指导实习生做好实习总结；⑥进行实习成绩考核及实习生的质量分析等。上述指导任务应由学校与实习单位的指导教师共同承担。

（3）对实习生应从严要求，防止走过场。

（4）指导工作要"引而不抱""因材施教"。"引而不抱"是要求把实习指导工作建立在放手让实习生独立实践的基础上，是指导与放手的统一。由于实习生各方面的差异性，教师在"引"的时候，应区别不同对象，因材施教，实施具体指导。

（三）充分发挥实习生的独立性与创造性

实习生独立性、创造性发挥得如何，是实习成败的关键。为此，教师一要敢于放手，使实习生真正进入角色；二要正确对待实习生在实习期间工作上的失误，应帮助他们总结失误的经验教训，提出改正办法；三要鼓励实习生的创造精神，使实习生在实习期间充分发挥创造才能。

(四)建设合适与稳定的实习基地

所谓合适,最重要的是实习单位的指导力量、工作条件及必需的生活条件能符合实习任务的要求。所谓稳定,就是要建立长期协作的关系,使实习单位熟悉实习工作的规律,能够更好地与学校配合。

要建立合适稳定的实习基地,必须做到双方互利,要发挥高校的优势,对实习单位的工作有所帮助、有所促进。只要下决心、下功夫,这是能够做到的。

五、调查法

(一)调查方法的作用与类型

调查方法是社会科学研究与管理决策研究的基本方法之一,也是高等学校理论联系实际的重要教学方法。通过社会调查,首先能使学生对我国国情及社会主义建设实践有比较深入的了解,是进行国情教育和思想政治教育的重要途径。其次能使学生将所学理论运用于社会现实问题的调查与分析,不仅有利于加深对理论的理解,也有利于激发学生探索社会重大问题的积极性。第三,能提高学生社会活动能力,并使之受到调查研究方法基本功训练。

根据高等学校教学的特点,调查的类型可作以下一些划分:按教学任务,可分为社会调查和与学科教学相联系的专业性调查两类,后一类调查又可分为以验证、理解和运用已学理论为主的应用性调查和以研究、探索规律为主的学术性调查。按调查对象不同,可分为经济调查、教育调查、人口调查等类型。按调查所要求的结果的不同,可分为现状描述性调查、因果性调查和预测性调查等类型。按调查地域的不同,可分为城镇调查与农村调查,全国性调查与地区性调查等类型。按调查范围的大小,可分为全面调查、典型调查、抽样调查等类型。综合上述不同角度的分类,明确其在各种分类中的位置,是制订整体调查计划的依据。

(二)调查的准备

调查的准备工作主要有以下几项:

(1)拟定调查计划。一般应包括目的要求、对象与范围、项目与成果目标、方法、步骤、人员组织与时间安排等项。调查计划应同调查单位共同商定,以取得他们的支持。

(2)理论准备。教师对调查所要涉及的和可能出现的理论问题与方法问题,应有充分的考虑,有针对性地指导学生复习有关的理论知识,做好理论上的准备。

（3）调查工具的准备。一类是文书性工具，包括调查提纲及各种调查表、统计表等；一类是器具性工具，如录音机、照相机等。其中关键是调查提纲的拟定。调查提纲所涉及的概念及项目，要有明确的涵义，具有可操作性、可观性、可测性，并有利于最后的统计和归纳。

（4）组织准备。根据布点做好编组工作，进行思想动员，使每个学生都明确调查的目的意义及调查计划所涉及的各种要求。同调查单位一起做好调查的生活、后勤安排。

（三）调查的实施与指导

按照调查方案的设计，做好调查资料的收集工作，是调查实施阶段的主要任务。调查工作应在教师指导下由学生独立进行。

在这个阶段教师要做好下面两方面的工作。一是外部协调工作，主要是密切同调查单位或地区领导机构的关系，向他们通报情况，争取支持和帮助，同时注意密切同被调查对象的关系，尽可能增加接触，争取他们的理解与合作。另一项工作是内部指导。为收集到真实可靠的资料，应特别强调以下几点：

（1）坚持实事求是的态度，要从事实出发，调查的结论只能产生于调查的末尾而不是开头。要保证调查资料的全面性和真实性。

（2）正确使用观察、访问、问卷等收集资料的方法。这些方法都有其特定作用与局限性，一般都是交叉使用。不过对社会调查而言，应以访问为主，辅之以其他方法。

（3）根据调查过程阶段性特点实施及时的指导。在开始阶段，就要解决打开局面的问题；要及时总结交流，解决出现的问题；在后期，则要进行资料收集的扫尾工作，就地对调查资料进行质量检查和初步的整理工作，以便及时发现问题，加以纠正或补充。

（四）调查的总结

这一阶段的主要任务是对调查所得的资料进行系统的整理、鉴别和分析，得出结论并写出调查报告。

（1）调查资料的整理与鉴别。除调查期间要随时整理资料外，总结时应对资料进行全面的整理、鉴别，筛选出提供分析的基本的论证材料，包括数字统计材料、描述性材料和分析材料等。

（2）调查资料的分析。分析的目的是为回答调查所要解决的问题做出必要的结论，根据调查目标的不同，大体上可分为现状评价结论、因果关系结论和预测性结论。要使分析的结论有充分的依据，必须将数学分析与理论分析，定量分析与定性分析结合起来。

（3）撰写调查报告。整理调查报告时应根据所得结论，用观点统帅材料，做到观点鲜明、论据充实、层次清楚、文字通畅。调查报告不仅是调查质量的反映,也是学生调查能力、表达能力及理论水平的反映。因此,除调查组要写出集体调查报告外,每个学生都要写出调查报告,并做出成绩考评。

第四节　几种新的教学方法介绍

随着科学技术的进步和教育学、心理学研究的进展,涌现出许多新的教学方法。这些方法有些比传统方法更加深化,有些则是从某一角度或方面着手,开发出新的培养学生能力和智力的途径。这里介绍几种具有典型意义和流行比较广的新教学方法,作为了解现代和当代教学方法发展的一个窗口。

一、"慕课"

(一)"慕课"的兴起与发展

1．"慕课"在国外的兴起与发展

1989 年,美国菲尼克斯大学成为全球第一个推行在线学位计划的综合性大学,1991年学校授予首批在线学习者在线 MBA 学位;美国宾夕法尼亚大学的詹姆斯·唐鼐曾于1994 年开设了一门在线研讨课程;2000 年英国环球网络大学获得了英国政府 5000 万英镑的资助,用于开展开放在线高等教育。"慕课"的兴起源于教育资源开放运动,2001 年MIT 实施 OCW（Open Course Ware）将学校开设的所有课程的课件资料上传网络并免费提供给全球各地的学习者。2002 年联合国教科文组织提出开放教育资源（Open Educational Resources, OER）,即通过信息信讯技术向教育者、学生、自学者提供基于非商业用途可能被自由免费查阅、参考或应用的各种教育资源。美国的几所全球知名大学于 2012 年陆续通过网络设立了学习平台。一年后,名称为"慕课"的网络互动教学模式便闻名全球。其中 Coursera、Udacity 和 edX 三大平台并驾齐驱,成为"慕课"课程的主流机构。2012 年也被美国时代杂志称为"慕课元年"。

Coursera、Udacity 和 edX 三大平台全都面向高等教育,它们提供在学校内最受欢迎的课程,制作和提供者都是在课程领域内颇有名望的专家教授,并且都有自己独有的一套学习和教育管理系统,它们就像真正的大学一样让在线学习者向往。

2．"慕课"在中国的兴起与发展

全球知名大学纷纷加入"慕课"平台,受此影响,中国的高校也积极参与其中,中国高校的国际影响力也日渐增大。"慕课"率先起源于中国香港,亚洲的第一个"慕课"课程来自于香港科技大学 Naubahar Sharif 教授的"中国的科学、科技与社会"课程,于 2013 年 4 月份在 Coursera 平台上开课。值得一提的是,台湾大学叶炳成教授于 2013 年 8 月在"慕课"平台上开设的概率课是全球第一门用中文授课的"慕课"课程。

2013 年是中国"慕课"全面发展的一年,国内知名大学纷纷跨入国际"慕课"平台:2013 年 5 月清华大学正式加盟 edX,成为其第一个中国大陆的高校成员;2013 年 7 月,上海交通大学宣布加盟 Coursera;随后,北京大学、复旦大学等重点院校也纷纷宣布加入"慕课"。"慕课"在中国大陆的发展开始于高等教育高级精品课程,复旦大学加入"慕课"后向 Coursera 免费提供中文或英文教学的在线课程,北京大学的"计算机辅助翻译原理与实践"作为北大首批上线课程对外开放选课,2013 年 10 月,清华大学制作的"学堂在线"正式推出,这是全球首个中文版"慕课"平台,清华大学的电路原理、中国建筑史等五门课程通过此平台向外界开放。

现在"慕课"在我国的发展已经不再局限于高等教育领域。作为"慕课"在基础教育领域的尝试,华东师范大学于 2013 年 8 月联合我国多所知名高中、初中和小学,组建 C20 "慕课"联盟。该联盟分为高中、初中和小学三个部分,并且专门负责开发基础教育的教学视频,力求全新打造互动式、创新性、自主性与个性化的人才培养模式。严格来说,高等教育学生的自主学习意识和能力较强,并且"慕课"着重强调教育的互动性、创新性和自主性,以此来看"慕课"更适用于高等教育,而初级教育则着重于知识的传授,中学生的重点是累积知识、完善人格和情感的培养,究竟"慕课"是否适用于此领域,需要进一步探索。

(二)未来趋势

"慕课"正在快速发展,其所带来的变化是信息技术以来的重大变革之一,将深刻影响未来的高等教育。就目前所见,大致可以预见到其未来发展有以下四大趋势。

1."慕课"规模进一步扩大

"慕课"的发展速度之快,受众面之广是大家有目共睹的。与之相适应的是,"慕课"的供应商也在增多。目前 Coursera、Udacity 和 edX 作为"慕课"平台的三大供应商依然在努力扩张,而类似的在线教育平台或者机构也正处于迅猛发展的过程之中。例如,"可汗学院"(Khan Academy)、"人人学院"(Udemy)以及中国的"优课联盟"(UOOC)等。它们都是与"慕课"相类似的平台,强调个人独立自主的课程学习。

"可汗学院"是 2006 年由孟加拉裔的美国人萨尔曼·可汗创立的一所非营利教育机构。可汗本人是麻省理工学院和哈佛大学的高材生,他以"要为全世界的人提供世界一流大学的免费教育"为目标创建了可汗学院。目前,"可汗学院"的教育网站上已经提供了成千上万的教学资料和教育资源,包括个性化的学习仪表板,数十万的练习题,在 You-Tube 上有超过 5000 段的教学视频等,其内容涵盖数学、物理、计算机科学、医疗、历史、艺术史、微观经济学与金融等,这些内容均无偿向全世界的学习者开放。相关资料显示,每月有大概有 1000 万人登录"可汗学院",课时学习数量已经超过了 3 亿,规模相当可观。网上学习平台"人人学院"成立于 2010 年,保证了学习者可以随时随地学习,允许教师主导课程的学习是它的特征之一。"人人学院"的另一特色是课程主创者可以在网上出售自己的课程,进而获得 70% 至 85% 的收益,并且允许保留个人知识产权。

2.教育理念与教学方法将产生巨变

"慕课"在教育理念和教学方法上改变传统教育,首先教学方法将更多地因网络技术而改变。在线网络课程因其免费的特征吸引了大批的学习者进行注册,教师将自己的课程制作成视频上传到网络或者直接做成"慕课",影响了更多的学习者。"慕课"课程中,教师虽然是主讲者,但是因"慕课"课程制作程序复杂,教师必须与网络技术员和传媒顾问合作才能制作出精彩的教学课程,教学课程不再是教师的独角戏。

课程的学习通过网络进行,教师可以随时查看学习的学习进度,掌握学习情况,教师授课的水平如何,学生对课程的满意度如何,不再是学习过后才知道,通过网络,所有人都可以进行查阅和评价,这样一来,教师能更加直观地看到自己讲课的有效性或者不足之处,也可以及时有效地帮助学生。换句话说,教师也可以成为观众——学生,有机会反省自己的教学及其效果。对教师而言,同样具有积极的作用。

如果学生可以通过"慕课"随时随地地选择名师的课程,那么在大学中开设的相同的课程是否还需要选修呢? 这是很多教师必须要面临的问题。例如,要选择"公正"课程,相信哈佛大学政府管理学院的明星教授迈克尔·桑德尔的网络课程会是绝大多数的学生首选,而不再有人愿意去到教室聆听自己教授的课了。面对这样尴尬的问题,有一些美国大学教授在改变自己的教学方法的同时,鼓励学生去选修这类明星课程,而将个人的课堂教学改为解答问题,反过来集体进行课堂讨论,完成集体项目。这样行之有效的"翻转课堂"模式,使学生在学习自选的课程之后,在经过教师的进一步讲解和集体的讨论,有助于加强对所学内容与主题的理解,特别是进一步提高了学生思维辨析能力与分析及解决问题的能力,这样的结果正是高等教育最重要的目标。

3.学习方法大为改观

"慕课"的发展也将对学生的学习方法产生重大的影响。传统的课堂教学,学生必须聆听主讲教师授课,而现在,学生可以在网上搜索更多相关知识的课程,从中挑选个人最感兴趣、对自己最有帮助的课程来学习,并且跳过那些自己已经掌握的课程部分,节省时间,重复播放不易学通或者自己还没有完全理解的部分。"慕课"的网络课程不仅可以自动回答学习者的问题,还可以根据学习者的提问提供相关的知识链接,或者提示他们之所以出错的原因及自己的问题究竟出在哪里,应该如何克服等。当然,除了现在网络技术可以做到的及时反馈,从而使学生可以迅速了解自己掌握知识的情况外,发达的网络搜索技术,也为学生可以迅速找到自己所需要的知识与相关内容提供便利。

"慕课"的迅速发展,在使人们明白网络技术应用于教育上的快捷便利和重要性的同时,也在教育上更加依赖网络技术,例如,基于网络的学习方法的"翻转课堂",这实际上是一种传统与现代的结合体,但其运行效果远远好于传统的课堂教学。根据相关调查发现,传统课堂教方法下学仅有55%的通过率的课程,在采用了这种新型的教学方法后,提高到了91%。

4.网络技术将推动教育变革

教育与网络邂逅,"慕课"就应运而生了。就目前来看,网络技术对教育的影响必然会进一步增大,甚至会推动整个教育界产生巨大的变革。"慕课"的元老特龙教授认为,"慕课"带来的是全新的挑战,而不仅仅是课程教学模式的变化,这种方法打破了自古以来在人们脑海中形成的教师效能与学生成果评价的一成不变的教学模式,取而代之的是以基于证据的、现代的、数据驱动的教育方法论,而这种变化会引起教育的根本性变革。

由于注册"慕课"的人员基数太大,因此,设计"慕课"就要求技术支持和保障教学中的大规模反馈和与互动的实施。由此就带来了两种方法:一种是同学评议与群体协作;另一种是能够进行网络客观评价的自动反馈,包括小测验与考试。一般来说,"关联慕课"多依赖第一种方法,而"传统慕课"则主要依靠后者。

"慕课"发展的下一步趋势,可能是以现代网络技术为依托,进行网络课程的升级与改革,来取代现有的教科书。教科书不仅供学习者学习新的知识,而且还拥有知识保险的作用。而在网络技术发达的现在,先进的网络技术既可以让人产生浓厚的学习兴趣,同时也可以拥有传递知识的功能,其独有的视觉效果,已经远远超过了传统教科书带给学习者的愉悦感。仅从功能来说,"慕课"所提供的教学视频及相关材料,就是新型的教科书。正如来自于罗特格斯大学的大卫·范戈尔德教授说,"慕课"就是新型教科书。

二、对分课堂

对分课堂(PAD Class)是复旦大学张学新教授于2013年提出来的一种国内新型教学模式。这一模式最根本的理念在于将课堂时间"一分为二",一半用于教师的讲解,一半用于学生的小组合作与讨论交流(此处的一半课堂时间可根据具体的课堂情况进行适当调整),将二者时间加以错开,以保证学生能够有充足的时间对所学知识进行自主学习和内化吸收。对分课堂结合了传统课堂与讨论式课堂各自的优点,类似于传统课堂,对分课堂强调先教后学,也就是将"讲授"安排在前,将"学习"安排在后,与"讨论式课堂"有相近的地方,在强调师生之间有效互动的基础上,突出了学生之间"交互式学习"的重要性以及学生的自主学习。对分课堂将教学分成在时间上清晰分离的三个过程:讲授、内化吸收和讨论。因此,对分课堂也称为 PAD 课堂。

对分课堂的最大创新点就是"隔堂讨论",即将同一主题的教师的讲授和学生的讨论分离开来,留出一定的时间给学生独立思考和个性化的内化吸收,使学生在讨论时能够积极参与并有自己独到的见解。另外,对分课堂在考核方法上注重过程性评价,关注不同的学习需求。在学生内化吸收过程中,对分课堂的作业设计是要求学生独立完成作业"亮考帮"。"亮考帮"是"亮闪闪""考考你"和"帮帮我"的简称。"亮闪闪"是指在学习中发现的感受最深、最欣赏和最有亮点的内容;"考考你"是指自己搞明白的难点,但感觉其他同学可能不明白的重难点内容;"帮帮我"是指自己独立思考但解决不了的问题,在讨论时向别人请教。

三、案例教学法

案例教学法,即在教师指导下,根据教学目标和内容的需要,采用案例组织学生进行学习、研究、锻炼能力的方法,也是考察学生学习成绩与能力的方法。采用案例教学,要引起教学活动结构、教师施教方法和学生学习方法的变化。为使教学双方相互适应,案例教学应掌握好以下几个重要环节。

(1)案例的编选。这是最为基础的工作。据说美国哈佛大学每年要投入大批教师的力量来编写案例。在开设新课时,要求教师至少准备好 20~30 个案例。编写案例已成为该校教师的一项重要研究工作。他们编写案例,大多是一份文字材料,包括事例的主要"情节"和重要数据,具有一定的教学价值,编好之后存入"案例库",随时提取供教学使用。哈佛大学采用这种教学方法已有 50 多年的历史,保有案例 5 万种,并享有专利。上课前,教师要根据教学的需要选择一个或几个案例,或者选择前后相关的一组案例,以便逐步演化要研究的问题。

(2)组织案例讨论。教师先将案例发给学生,做好启发引导工作,让学生独立地做好准备,然后再进行讨论。讨论可以先进行小组后进行全班或其他组织形式。教师负有引导和组织的责任。关键在于调动学生的积极性,使他们进入"角色",对于管理专业的学生来说,务使他们形成决策意识,这样才能保证讨论的质量。

(3)案例评价。这是对案例讨论的总结,一般多由教师来做,指出讨论的优缺点,进行补充和提高性的讲授等。评价也可以发动学生在教师指导下进行,使学生得到进一步的锻炼。

案例教学法与在课堂教学中采用的举例说明虽然都要引用实例,但有很大不同。首先,案例在案例教学中占据中心地位,运用知识、培养能力、进行品德教育等教育任务,都是借助案例来展开的,而举例则在一般教学活动中处于次要地位。其次,案例是组织学生进行自我学习、锻炼能力的一种手段,举例则是说明问题的一种手段。学生的独立活动在案例教学中占有很大的比重,但这种活动是在教师指导下进行的。从案例的编写、选择、布置、组织讨论,乃至最后的评价,都体现着教师的指导作用。

第五节　当代世界高校教学方法改革

教学方法是不断变化发展的。社会的发展对人才质量提出了新的要求,现代科学技术的飞速进步使教学手段日益更新,教育、教学理论上的不断深入,这些都促成了教学方法的不断变化和发展。而教学方法的改革则是实现这种变化和发展的途径。高等学校教学方法的改革,是在整个高等教育改革背景下进行的,因而教学方法的改革,不仅与教育思想的转变、教育理论的深化和教学手段的现代化息息相关,而且也与高等学校其他方面的改革紧密联系、互相影响和互相促进。

当今高等教育的改革已成为世界性的潮流。虽然各国的社会背景、高等教育的传统及发展水平各不相同,但在高等教育改革及相应的教学方法改革上却存在着某些共同的趋势。下面仅从教学方法的功能、指导思想和结构特征三个方面的变化,来阐述教学方法改革的一些共同趋势。

一、在教学方法的功能上由教给知识到教会学习

教学方法是受教育目标制约并为实现教育目标服务的。重视知识传授、忽视智能培养,是传统教育存在的一个突出问题。在这种教育目标下所形成的教学方法,其主要功能在于知识的传递和灌输,而忽视对学生进行方法论的教育和能力的训练。

随着当代经济、社会的发展,特别是科学技术的迅速发展,高等教育的质量引起了世界各国普遍的重视。为提高高等教育人才培养的适应性,在教育目标上,强调在传授知识的同时,发展学生的能力,尤其是以学习能力和创造能力为基础的应变能力,已成为世界各国的共识。正是在这一背景下,联合国教科文组织在1972年出版的《学会生存》的报告中提出了"教会学生学习"的口号。

"教会学生学习",同我国著名教育家叶圣陶先生提出的"教是为了不教"的基本思

想是完全一致的,即学生通过教学不仅能掌握系统的知识,而且能获得独立地学习与更新知识的方法与能力。由教给知识到教会学习,这一教育目标的转变,势必在教学方法的功能及其体系上带来深刻的变革,并成为教学方法改革的出发点和归宿。

二、在教学方法的指导思想上推行启发式,废止注入式

启发式与注入式并不是两种具体的教学方法,而是教学方法中两种对立的指导思想。对教学方法的选择与运用,由于其指导思想的不同,可分为启发式和注入式两大体系。

启发式与注入式的对立从古代一直延续至今,从而形成两种相反的教学方法的传统。当然随着教育的历史演进,其思想内容和表现形式已发生了很大变化。就其现代形态而言,两者的主要区别如下:

注入式教学,在教育目标上重知识教学,忽视能力培养。在教与学的关系上,将教师权威绝对化,而将学生视为被动接受知识灌输的知识仓库和存储器。因而在教学方法的运用上采用单向的"填鸭式"强制灌输,忽视学生积极性的调动、学生独立学习活动的组织及学习方法的指导。在这种思想和方法下,只能教会学生模仿和记忆,而压抑学生学习主动性、积极性的发挥,及学习独立性、创造性的发展。

启发式教学,在教育目标上强调在传授知识的同时重视能力的培养及非智力因素的发展。在教与学的关系上,在肯定教师主导作用的同时,强调学生既是受教育或教育的对象,又是具有主观能动性的认识主体。因而在教学方法的运用上,首先着眼于调动学生学习的积极性和主动性,使学生处于积极的状态;其二,将教学活动的重点放在组织和指导学生的独立学习活动上,并不断提高学生学习的独立性程度和水平;其三,注重学习方法和研究方法的指导;其四,注意教学方法的多样性和灵活性,及各种教学方法的相互配合,发挥教学方法的综合效应。

由于长期历史形成的习惯势力及某些现实的基础,注入式教学在当今世界及我国仍有广泛的影响,甚至成为一种历史痼疾阻碍着教学方法的发展和教育质量的提高。显然,要实现"教会学生学习"目标,废止注入式,实行启发式,便成为教学方法改革的关键所在及世界各国教学方法改革的主攻方向。当代各种教学方法改革实验,如发现法、问题教学法、情景教学法、程序教学法等,虽然理论基础各异,改革主张也不相同,但以注入教学为改革对象却是一致的。

三、在教学方法的结构上由讲授为主到指导学生独立地学习和研究为主

从"教会学生学习"与启发式教学的基本思想出发,将教学方法的重点从教师向学生

传授现成的知识转移到在教师指导下由学生独立地探索和获得知识,已成为教学方法结构改革的必然趋势。从高等学校教学方法的结构特征上看,世界上大体有两种基本的模式,一种是以美国为代表的模式,其主要特点是重视学生适应能力的培养,教学上的弹性大,学生学习的独立性强,在教学方法的结构上以学生独立学习活动为主,授课时数则比较少,而且在有限的讲课中,还大量使用讨论教学,教师讲课也多为指导性的启发报告。另一种是以前苏联为代表的模式,其主要特点是强调知识的传授及教学上的集中统一性,学生学习的独立性程度比较低,在教学方法结构上则是以教师的系统讲授为主,其授课时数大大超过美国及西欧。

我国高等学校的教学方法,在建国前是欧美模式,建国后转向苏联模式并同中国传统教育方法相结合。20 世纪 50 年代末期以来,虽几经冲击,但并未发生根本的变化。"一多一少",即教师灌输多,学生独立学习活动少,仍然是我国高等学校教学方法结构的基本特征。

著名物理学家杨振宁曾对中美两国高校的教育方法做过比较和评价。他认为中国传统教育方法让学生按部就班地、一项项虚心地去学习,可以把许多有用的知识吸收进去,而且有利于应试。但这样训练出来的学生在做研究工作时是要有一些困难的,是要吃亏的。在美国这种训练,一般讲来,是着重培养思考新的办法,这种训练办法对于大多数学生来说是不好的,可是对于最后做研究工作的 20% 的人,就比按中国传统训练方法培养出来的人有优越性。因此他提出把两个办法折中一下最好。杨振宁的上述分析和建议是非常中肯的。所谓折中一下,按我们的理解,就是突破现有教学方法模式的束缚,在不同的教学方法模式之间,既要保持各自的优点,又要相互借鉴补己之短,以建立更加合理的教学方法的结构。这种趋势从七八十年代美国和前苏联的教育改革中已明显地表现出来了。

前苏联于 1987 年发布了一系列高等教育改革的文件,其中有关教学方法的改革主要强调了以下几点:①加强学生学习的独立性。改革要求减少全日制的必修课数量,大力提高大学生独立工作的能力,改善其计划和组织工作,加强来自教师的监督和帮助。对大学生自学进行教学和教学法指导同样是教师教学工作的一种形式。②加强学生的个别教学。改革文件提出,提高专业人才培养质量的首要任务是坚决实现由人数众多的、面向全体的教学转向加强个别教学,发展未来专业人才的创造能力。为了改善个别教学工作的条件,要求减少每个教师所教学生的数量,减少实践作业、课堂讨论和实验课的学生人数,推广按照个别教学计划进行教学。③广泛采用积极的教学方法,如课堂讨论、实践作业、辩论会、模拟生产环境和实际情景等。同时,作为发展分析性和创造性思维的基本方法之一,要求大学一定要参加科学研究,参加实际的设计研究和工艺构造研究。提出电子计算机化将是全面强化和提高教学过程质量的可靠手段。

美国高质量高等教育研究小组 1984 年发表《投身学习：发挥美国高等教育的潜力》的报告，1986 年美国卡内基教学促进基金会又发表了《学院——美国本科生教育的经验》报告。上述报告直接涉及教学方法改革的主要有以下三点：①为了克服教育目标上的混乱及狭隘的职业主义，而寻求个性与共性之间、多样性与一致性之间、个人与公众责任之间的平衡。一方面需要某种统一的原则，即在多样化之中，对共性的主张必须予以充分的肯定。②提出了"学生投身学习"的概念，即大学生在学习过程中投入的时间、精力和努力，这一概念类似动机心理学的概念，但它表示的，除心理状态外，更重要的是它还表示行为，包括用来学习的时间数量与学习时间内所作努力的质量。学生投身学习的程度也就是学习积极性、主动性的程度，它将直接决定学习的成效，因而美国将此作为提高教育质量三个条件的首要条件。③教师应更多地使用积极的教学方法，要求学生为自己的学习承担更多的责任。报告认为，讲课是学校生活的一项基本内容。讲课可以是有用的、经济的和有效的，但是研究证明，各种教学形式的结合使用，可能是提高学生投身学习的有效方法。如吸取学生参与教师的研究项目和学习有关的课程，鼓励多种形式的实习和其他有严密的指导实践性学习；组织讨论小组，要求课堂发言和争论；以适当的学科发展模拟教学；为个人的自修项目和有指导的独立学习创造条件等。

上述两国针对各自教学存在的弊端提出的改革主张，虽然侧重点不完全相同，但将解决学生学习积极性、独立性、创造性问题作为改革的目标则是相同的，其改革的趋势对我国的教学改革而言，有重要的参考价值。

第四章　本科院校教学手段

　　教学手段是教学过程中所使用的物质工具,相当于生产过程中所使用的生产工具。广义的教学手段包括教室、图书馆、实习工厂或车间等,也包括教科书、参考书、文献资料、仪器、计算工具等。狭义的教学手段,通常仅指同直观教学直接联系的教具,如实物、挂图、模型、电化教学(视听教学)工具等。

第一节　直观教具

　　学生获得新的知识,可以从学习书本知识开始,但必须有一定的感性认识作为基础。人没有一定的感性认识,是不可能对客观事物有所认识的。学生在教学过程中获得必要的感性认识有两条途径:一是教师在教学中,通过语言的描述,再现或重组学生已有的感性认识,通常称为语言直观;二是在教学过程中,教师运用某种实物或其模拟品,通过学生的感知,使他们获得生动的表象,形成感性认识。这些实物或者模拟品,通常就被称为直观教具。直观教具,可以使学生所学知识形象化,形成感性认识基础,为学生理解和记忆知识创造条件。除了通过直观教具之外,在教学过程中,还可以运用某些教学形式和方法,如参观、观察、采集、调查、实验、实习等,以获得必要的感性认识。

　　直观教具,体现了教学过程的直观性。教学中的直观性,要求学生在学习中通过各种感觉器官,感知客观事物或其模拟品。教师要根据教学需要,针对学生年龄特征,调动学生各种感官参与学习。各级各类学校教学中的各个环节,都可以体现直观性。在研究事物的外部特征时,学生可以从直接观察对象或其模拟品中自己获得一定的知识。如学生上植物课到森林中观察、采集,到学校实验园地上课。

　　在研究对象内部结构、现象间的联系和关系时,直观教具就起着直观的作用,根据不同的教学需要,直观教具可以是获得知识的源泉,也可以是验证和巩固知识的手段。

　　直观教具运用得当,学生所获得的知识更具有鲜明、生动的感觉,就可以引起兴趣和集中注意,对发展学生的观察能力、形象思维能力,也有良好的作用。有些知识只有通过直观,才能获得,例如辨别颜色,无论怎样描述讲解,都不如让学生自己观察。对于音乐、图画,也都是只有身临其境,才能有真切的感受。"百闻不如一见",就是这个意思。

教学中使用直观教具,要和教师的语言紧密配合。配合的作用有:①教师指导学生观察。在学生自己观察时,往往失之于粗略或偏颇,不懂得集中注意于关键之处。教师要用语言引导,使学生所获得的感性认识符合教学需要。②教师指导学生认识各种现象间的联系。即引导学生在观察的基础上进行分析综合的思维活动,从部分到整体的概括。如参观古代的农具,从一件一件农具的具体观察,到概括出某一历史阶段的农业生产方式以至生产力的性质与水平等。③教师通过直观教具或实践活动去证实所传授的知识并使之具体化。例如,普通物理、普通化学的验证性实验。

使用直观教具在教学中虽有重要的作用,但要使用得当。讲解学生缺乏感性认识而又难于用语言再现成重组学生感性经验的新教材,无疑必须运用一定的直观教具,使之能够理解,但对学生已有相当生活经验的事物,一说就懂,则不应滥用直观教具。使用直观教具要求色彩鲜明,但要防止分散学生的注意力。活动性的直观教具,有利于观察运动变化过程,但使用时往往需要特别放慢,甚至停在某一点上。如观察运动员运动过程中的细微动作。总之,使用直观教具,要求目的明确,符合教材内容的要求,并要根据教学对象,慎重选择,认真使用。

第二节　电化教学

电化教学指应用幻灯片、电影、电视、录音、录像、广播、语言实验室以及电子计算机等各种现代化信息传输媒体进行教学活动。这些信息传输媒体或通过视觉、听觉,或视觉和听觉同时发挥作用。所以,国外也称其为视听教学。近年来视听教学发展很快,应用范围也很广。既用于一般课堂教学,也用于实验室、图书馆、专用教室以及学生课外自学。这里只简要说明我国常用的电化教学设备及其教材教法、语言实验室和计算机在教学上的应用。下面分项说明。

目前国内常用的电化教学器材设备除上节所述投影仪外,还有录音机、录像机、电视机、电影机、语言实验室等。

录音机的特点是可以录音重放。录音的方法有话筒录音和拾音器或收音机录音。录音磁带可以长期保存,不需保存时可消磁重新录音,操作方便,课内外可随时应用,是电化教学中应用最广的器材。

录像机多与摄像机、监视器配套使用。通过摄像机,把形象和声音录在磁带上,然后通过电视机显示。也可直接录制电影或电视节目。

电视机可接收录像带或电视台的节目,传输方式有闭路和开路两种。闭路电视系统,即内部电视系统,可以有控制地用于一定范围(如一个班级、一所学校),或与有线中继传输联系起来。这种设备最简单的通常包括:一架摄像机、一台磁带录像机和一套传输设备。开路电视系统,通过电波发射的方式输送节目,有专用发射台,专门的电视片制作机构和人员。高等学校一般只用闭路电视系统,开路电视系统则要由国家或地方举办。为了更大范围地使用电视教学,我国已经用同步通信卫星播送电视教学节目。

教学用的电影放映机一般有 8 毫米、16 毫米、35 毫米三种放映机,为适应教学需要有快放、慢放、停住、倒转的功能。

语言实验室又称语言专用教室或语言学习教室,一般用于外语教学。语言实验室的设备,有学生使用的隔音座位和教师用的控制台。

隔音座位是装有隔音板的课桌,配备耳机、话筒、双声道的录音机,并装有选择键,通过线路与控制台联系。控制台也配备有耳机、话筒、录音机,有的还配备电视机。教师通过控制台的设备进行授课、答疑、对讲、提问等教学活动。一般还有预制配套的录音磁带和符号课本。语言实验室现在已是高等学校常用的语言教学手段。

一、电化教学的教材与教法

电化教具由硬件和软件两部分组成。硬件即设备器材,现在都由商品化生产,向系列化、微型化、自动化方面发展。为了增加通用性和互换性,各国都力图实行标准化。软件即电化教材,如录音磁带、录像磁带、电视片、电影片、程序教学系列片、幻灯片、投影胶片等,可选用现成的资料,但大多数需要根据教学的特殊需要自编或改编。编制电化教材除必须符合一般教学原则和教材编写原则外,还有几项特殊要求,具体如下所示。

(1)内容要集中。一个短片说明一两个教学的重要和难点即可,不贪多求全。用语言能解释清楚,或用模板、标本显示清楚的,一般不编制电化教材。

(2)片与带都不宜太长,放映时间一般以不超过三十分钟为宜。因为学生在屏幕前注意力要高度集中,时间长了,容易疲劳。

(3)电化教材要求画面清晰,声画同步,声音清楚,明暗适度,色彩和谐,能收到较好的视听效果。

电化教具使用的方法要灵活多样:有的课程或环节,以电化教学为主,如用录音机教外语,教师只作辅助性讲解,更多的情况是以电化教学为辅助性教学手段,把电化教学内容作为课程内容的组成部分,也可把电影或电视作为丰富课堂教学内容,扩充学生知识之用。作为辅助手段时,要注意主次分明,不能喧宾夺主,要与讲授内容衔接,观点一致,避免歧义。

经验证明:学生上电化教学课,兴趣虽大,但注意力容易分散。教师要认真做好准备工作,操作要熟练。如由教学辅助人员操作,则要事前交代有关事项,以便密切配合。一般要预先播放,与文字材料对应组合。上课时教师要适当引导和解说,事前可以简介内容,提出重点和要求;在放映中,一般不宜中断,教师只从旁观察学生的反应,以便于放映后进行辅导。放映完了要分析、提问,这部分工作也可以让学生做,锻炼他们的概括能力。

二、电化教学的管理

电化教学的管理包括器材设备和资料教材两个方面。高等学校要设电化教学中心(科、室、组)。它的主要任务是为教学提供电化教学器材,组织电化教材的编制,以及电化教学设备的维修等。水平较高的还能从事一些电化教学的研究工作,以及培训电化教学人才。

电化资料教材的管理,可在各级图书馆附设媒体中心(视听中心)。由于信息技术的发展,用来储存及传输知识的媒体,早已超越作为印刷出版物的书本的范围。图书馆的"书",也已超出印刷出版物的书本。许多国家已经把非印刷出版物的媒介资料作为与书本一样的学习资料看待,统一收集,编目检索,为学生依据各种新的教学媒介,采用各种信息技术为独立学习提供使用条件。媒体中心的名称很多,如多媒体图书馆、视听资料中心、视听中心等。媒体中心储存大量视听教材,也准备各种器材设备,并且提供适当的学习环境和技术辅导。因此,它已不仅仅是教学辅助手段,而是使大学的课堂教学和自学结合起来,成为与课堂教学互相补充的教学系统。

第三节　计算机教学

一、计算机在教学上的应用及其发展

20 世纪 50 年代末期,电子计算机在工业上开始应用,因设备复杂、价格昂贵,教学上应用得不多。但由于计算机本身具有人工智能的特殊功能,促使很多人尝试把计算机引入教学领域。最初效果不佳,发展不快,只是某些学科作为计算工具。但当微处理机问世之后,情况就发生了很大变化。60 年代末期至 70 年代初期,计算机在教学上不但作为计算工具使用,而且和程序教学的理论和方法结合,成为辅助教学的手段。可以把一门课程的教材,编为程序,输入电子计算机,学生按程序自学,并及时反馈检查。同时,计算机也应用于教学管理和学校管理上。

计算机辅助教学(Computer Asisted Instruction),它的作用是向学生提供教学资料和各种问题,直接帮助学生。计算机和学生的关系是交互作用的关系,学生使用计算机可以进行系统学习,也可以进行练习、询问、辅导、模拟、对话、获取资料、解答难题等活动;大型教学辅助型计算机,如美国伊利诺斯大学设计的柏拉式,形成了一个高度灵活的新教学系统。它的庞大的课程程序可以同时开设几百门课程,提供四千个学生终端,让学生各自按自己的需要学习。学生终端还可以远离主机达数百公里,通过分布式网络与计算机中心相连。又如英国在开放大学中推广使用计算机辅助教学,通过计算机网络和280个学生终端,为5万名散处各地的开放大学学生解答各种问题和提供计算服务,还可以通过该系统向各地学生讲授若干门课程。

CAI 的种类很多,根据它们的功能,大致可分为以下几种类型。

(1)问题解答型:学生通过一般的输入方式或通过远距离电传打字机终端,输入计算程序或实验数据,要求计算机解答和处理。计算机本身并不讲授教学内容,也不对学生提问,主要是借助于计算机数值计算和数据处理的功能。

(2)模拟型:用电子计算机模拟试验过程或某种实验变化过程,它特别适用于对微观过程或其他复杂环境变化过程的教学或研究,如利用飞行模拟系统可以模拟驾驶飞机过程中各种真实感觉,借以培训飞行员。医学上也可用于模拟各种临床诊断。

(3)人工智能型:在这种 CAI 系统中,学生在终端装置上,根据自己的要求用键盘向计算机提出请求,计算机能很快找出所指的教学内容,显示在终端装置的屏幕上,并在电声输出器上输出讲解声音,使学生能看能听。如果未听懂,可发信号要求重讲。每讲完一节课,计算机提出思考题或练习题让学生解答,回答有困难时可通过键盘要求提示或提供参考资料。答错了,计算机还能做出原因分析。当学生解答问题时,计算机记录答案以及所通过的程序的处理过程和所需的时间,还可以据此判断学生的理解能力,提出下一个适当的问题。这是比较完善的 CAI 系统。

(4)会议型:这种系统可用于班级教学,它和一般电话会议有某种类似。参加学习的学生可以散处各地,利用各自的终端上课。这种类型体系已从自学发展到代替班级教学的功能。

(5)网络型:它的功能同其他计算机网络一样。学生使用网络系统查找有关资料,解答各种教学上的问题,相当于一个内容丰富、效率极高的专业性图书馆服务机构。与此同时,也可为广大学生提供各种数值计算或数据处理服务,并可进行课堂讨论。

以上几种类型 CAI,除比较简单的问题解答型外,都是较大型的,设备复杂、价格昂贵,难以普及推广。近年来,国外很重视发展用小型或微型计算机控制的简易型CAI,以程序控制实现自动化的程序教学。

计算机管理教学,简称CMI(Computer Managed Instruction)它的作用是帮助教师管理和指导教学过程。计算机向教师提供收集到并经过分析的有关学生、教材的信息。教师根据这些信息,可以了解每个学生的进步情况,估计每个学生的理解能力,并改进自己教学的内容和方法。

在教学上使用计算机有如下优点:

(1)节省工作与学习时间,提高效率。教师可以减少一些烦琐的工作,及时掌握学生的学习情况,学生可以及时了解教师的意图,减少学习的困难。美国伊利诺斯大学曾对一个医科班级20名学生进行调查,这个班级用CAI系统进行教学,节省学时达三分之一以上,而在国家考试中成绩超过同年级其他班级,半年后再进行一次测验,证明知识的巩固率也较高。

(2)适应个人特点,便于自学。用CAI系统学习,可以根据自己的时间、要求和原来的基础,安排学习计划和进度。计算机也能针对学生的困难,进行辅导、答疑。

(3)在某些方面,有利于培养学生的思维能力。计算机一般按程序教学的原理和方法传授新知识,而程序教学在传授新知识过程中,经常向学生提出学习过程中必须解答的问题,要求做出独立的判断。这种传授新知识的启发式方法,有利于培养学生独立思考、独立解决问题的能力。

(4)有利于推广高等教育。计算机的学生终端,可以远达数百公里,使距离学校很远的学生,通过人机对话,学习课程,使边远地区学生也能够获得相当于面授的学习效果;学生还可利用业余时间自行安排学习,使在职青年、农村青年都有机会接受高等学校教育。

(5)促进教学法研究工作,有利于改革教学内容和方法。用计算机以及其他现代化教学手段进行教学,编制软件,必须集中心理学、教育学专家和专业教师,根据教学规律和学习心理,考虑各种心理的、社会的因素,仔细选择教材,确定每个教学步骤。这就有利于教学内容与方法的改革。

所以,有人预言计算机的普遍使用和不断完善,将使教学过程的组织和方法、教材的编制以至教师的作用,发生划时代的变革。计算机辅助管理教学给教学带来的影响,正像计算机在人类生产和生活的各个领域所发生的影响一样,必将对传统的教学法带来重大的变革。随着科学技术的发展,教学手段现代化是必然的趋势,而随着教学手段的现代化和不断完善,又必然引起教学实践和教学理论的向前发展。

二、正确对待教学手段现代化在教学上的作用

教学工作的改进,教学质量的提高,有赖于多种因素,而教学手段的完善和现代化,是提高教学水平、促进教学改革,从而提高教学效果的主要因素。随着信息科学的发展,电子工业的发达,在教学上应用多种信息传输媒体、视听手段,已收到很好的效果。从19世纪后半叶开始应用幻灯,到20世纪六七十年代录音、录像被普遍采用和计算机开始试用于教学上,教学技术冲破了各种条件的束缚和限制。无论是微观的核裂变、细胞分裂,宏观的天体运动、星象活动,现代教学技术都可以使他们呈现于教室中。植物的生长,动物的发育,火山的爆发,X线的辐射,也都可以在教室中演示。尤其是电子计算机辅助教学,可以部分地代替教师的工作,使远距离的分散自学甚至班级教学成为可能。现代化教学手段,最初是单项使用,现在向着综合化发展。开始时是手工操作或机器控制手段,现在是向着自动化、联动发展。实践证明,合理使用现代化教学手段,可以缩短学时,提高效率,节约人力,教学效果是令人满意的,这是提高学习效率的必由之路。微型电子计算机普遍应用于教学上,更将引起教学内容和教学方法的大变革。可以预见到这个必然的趋势。

培养全面发展的专门人才,不仅要有知识,还要有能力,教师不仅要用最新的教学手段帮助学生学习科学知识,还要训练他们掌握新技术,使学生既能动脑,又能动手。

随着教学手段的现代化,特别是计算机用于教学上,有人断言,教学机器将取代教师的作用。美国、法国都曾试办完全依靠教学手段进行教学的学校,试验一段以后,又都不得不请教师来进行教学。他们的错误在于忽略了任何先进的教学手段,都不可能完全代替教师的活动。因为任何最先进的教学手段起作用,都是从编制良好的教学软件开始的,而编制教学软件是需要有经验的教师,深入钻研教材,然后按照教育学、心理学的要求,按照一定的序列加以安排。据20世纪70年代初统计,编制供一小时使用的程序教学教材,需要一个专家小组工作一百个小时。即使编制了良好的教学软件,也不能完全代替教师的作用。教学过程是人的活动过程,在这个过程中不只是传授知识,同时有师生思想感情交融的活动,即潜移默化的作用。这就不是任何仪器设备、教学机器所能代替得了的。又有人断言,计算机普遍应用于教学上,将促使学校消亡,今后儿童青少年将从学校回归家庭,只要在家中按照自己的兴趣和需要自学就行了。这种远景的预测,为时尚早。任何先进的教学手段,也不可能完全代替学校的职能。学校的职能,不仅对学生传授科学知识,而且通过师生之间、同学之间的集体组织和活动,对学生进行思想政治、道德品质、组织纪律的教育,促使少年儿童个体的社会化。这就不是计算机终端所能代替得了的。所以,一方面要重视教学手段的现代化,另一方面不能降低教师的主导作用

和取消学校的教育职能。教学手段的现代化,将对教师和学校提出一系列新的更高的要求。

第四节　实验室

实验室是理、工、农、医各类型高等学校的教学和科学研究的重要基地。实验设备是这些院校培养专门人才最基本的教学手段。理、工、农、医的大学生在校期间,大约应有三分之一至二分之一的时间在实验室中学习。实验室的设备、管理、使用的水平,对于教学水平有着直接的作用。没有高水平的实验室,就不可能有高水平的教学,从而不可能培养出高质量的人才。

理、工、农、医类高等学校的实验室大致有三类:①基础实验室。以做基础理论的验证性实验为主。②专业实验室或技术基础实验室。如物理化学实验室、金属热处理实验室、光学仪器实验室等,这类实验室主要做专业理论验证性和探索性实验。专业实验室既不同于工厂的车间,也不同于科研单位的实验室。它担负着教学和科研双重任务,也可承担一定的生产任务。这种实验室应按学科分类建立。如果以产品分类,内容重复庞杂,力量分散,不易保证实验质量。③科学研究实验室。以承担科学研究课题培养研究生的任务为主,设备比较先进。这种实验室为数不多,但它标志着一个学校的科学水平。

一、实验室的管理

实验室的水平,不只是要求设备现代化,尤其要求管理现代化。实验室应当有高效率的管理体制和严格的管理制度。

1.管理体制

我国高等学校实验室的管理体制各校不一。为了提高实验设备利用率,公共基础课的实验室应当集中管理,重点设备、精密仪器,也可相对集中管理,成立中心实验室,下分实验中心、测试中心、计算中心等。全校各类实验室要建成校、系、室三级管理体制,并设立统一管理和维修机构,集中人力和物力,以提高设备的利用率和完好率,保证教学、科研实验的顺利进行。一般高等学校,基础实验室由大学的基础部领导,为全校基础课实验服务,专业实验室和科研实验室由各系领导或分到教研室具体管理。实验室的领导管理体制,可以根据各校的历史和现实情况而定,但应当符合统一领导、分工管理、层层负责、合理调配、管用结合的原则。要避免采购、使用、管理、维修脱节,造成重复、浪费和严重损坏等现象。目前,高等学校实验室的利用率很不平衡。有的高达80%,也有的只利用 20%～30%，甚至有的价格昂贵的仪器设备长期搁置或每年只用几次，这是一个严重的问题。

2.管理制度

高等学校实验室是师生学习和工作的场所，仪器品种多，教学、科研头绪多，使用人员多，为了保证实验教学质量，不仅应当有科学化的管理制度，还要有专业化的管理人员。应该做到实验室的设备专人负责，各项事务专人管理。一个实验室，应当有：实验室开放制度、实验室操作规程、实验验收制度（包括检查实验指导书、实验报告、实验装置设计说明书以及其他工艺图纸、元器件明细表、经济预算表等文件），实验物品的领取、保管、赔偿制度、实验室工作人员守则等。实验室的管理人员对全室的仪器设备、材料物品，应当做到数量清，材料明，账、物、卡相符，物品药品无积压，不浪费。实验室的技术人员应当做到随时按计划提供实验条件，对于一些技术性强或有危险的实验，有责任保证安全进行。实验室还应保持清洁整齐、物各有序、不脏不乱。每次实验完了，要求做实验的师生把物品放回原处，清扫场地，实验室工作人员也要清点检查，清理实验室。认真执行管理制度，不仅有节约公共财物、提高教学效果的作用，对于参加实验的师生，也起到劳动态度和劳动习惯的教育作用。

实验室仪器管理是复杂的问题，要逐渐使管理工作科学化。近年来有的院校用计算机管理仪器设备，工作迅速、精确，范围广，效果好。这是管理工作发展的必然趋势。

建立实验室档案，积累实验室各项工作的资料，以供改进工作参考，提高实验教学质量，也是一项重要的管理制度。

以教学为主的实验室，一般应建立以下四种档案：①实验档案——记载本室历届学生所做每个实验项目的情况、出现的问题、原因分析及解决办法，还应收存本实验室所开实验课的全部文件，包括实验目录、实验计划、实验讲义（实验指导书）以及学生的实验预习报告、实验报告（按学生班抽样收存，装订成册）等。②仪器设备档案——对每台仪器设备编号进行登记。内容包括生产厂家，出厂年月、规格、型号、性能，实际使用情况（使用质量、实测数据等），维修情况（维修日期及项目）。立卡一份存档，一份挂在设备旁边供使用者查阅。重要仪器，还应写明负责人姓名。③试剂、材料档案——记载本实验室的试剂材料的消耗、试样处理方法等。④样品档案——将索取、购置、自制的各种样品分门别类记载，包括出样、取样日期及其他特殊性能，以供参考。

这四种档案材料的长期积累，对总结实验室工作，探讨实验室工作规律，或为新参加工作的人员提供经验，使实验室工作具有连续性，都是十分宝贵的材料。

二、实验室的建设

评价一个实验室的水平,应从以下三个方面考察:设备与测试手段是否与所承担的任务相适应;技术队伍的实际经验、技术水平、工作作风是否能胜任所承担的任务;管理制度是否能保证各项工作井然有序,顺利进行。这三点是互相联系、互相影响的。没有先进设备,就不能进行精确的试验;没有称职的技术队伍,就不能提高实验水平;而没有严密严格的管理制度,就不能保证实验的顺利进行。实验室中的人和物,人是主要的。因此,建设实验室首先就是要建立一支作风好、技术精、能力结构合理配套的实验技术队伍和管理队伍。其次才是仪器设备的建设。仪器设备的建设要摆正新与旧的关系。低年级学生基础实验在于验证基本理论,学习基本技能和方法,锻炼基本操作能力,典型的常用仪器不可缺。例如普通物理进行光栅实验,目的在于观察光的衍射现象,利用衍射光栅,直观而且简单,就不一定要用超声光栅,旧的常用的仪器精密度虽不高,但容易操作,成本低,可以多备几台,增加学生动手的机会,使得学生熟能生巧。高年级学生和研究生则应适当使用精密度略高的仪器。基础实验室设备要为教学服务,科研实验室仪器设备的建设要为科研课题服务。而科研课题的选择确定要紧密结合教学,有时是与学生的课程设计、毕业设计、学年论文、毕业论文相结合的。所以实验室仪器设备要围绕教学任务,本着类型齐全、新旧搭配、采购和自制结合的精神安排。

实验室的建设还要摆正"建"和"管"的关系。"建"就要投资,投资就要讲究经济效益,就要注意管理。从长期工作看,"管"是更重要的方面。光"建"不"管",或重"建"轻"管",将降低效率,造成浪费。管理要做到科学管理,管而不死(保证各项工作顺利进行),严而不繁(保证使用方便)。

实验室工作是艰巨的,实验室建设是长期的、持续的,随着高等教育的发展,实验室的工作要求有新的建树。

第五章　教学管理概述

教学管理是高等学校教育工作的一项重要内容,是学校管理活动的一个重要方面。作为维系学校教学工作正常运转的枢纽,教学管理工作的优劣和水平高低直接关系到学校的教学质量和人才培养质量。本章对教学管理的涵义、内容、目标和原则,以及教学管理与教学建设、教学改革的关系等进行综合论述,以期对教学管理有一个比较全面客观的认识。

第一节　教学管理的涵义

《中华人民共和国高等教育法》规定:"高等教育的任务是培养具有创新精神和实践能力的高级专门人才,发展科学技术文化,促进社会主义现代化建设"(第五条);"高等教育应当以培养人才为中心,开展教学、科学研究和社会服务,保证教育质量达到国家规定的标准"(第三十一条);"高等学校的教师、管理人员和教学辅助人员及其他专业技术人员,应当以教学和培养人才为中心做好本职工作"(第五十二条)。

由此可以得出如下四个结论。

一、教学管理是高校管理工作的中心——重要性

高等学校的工作以教学和培养人才为中心,教学工作是经常性的中心工作。因此,高等学校的管理工作,应当以教学管理工作为中心。教学管理直接服务于教学和人才培养工作,应该在高等学校管理中处于极其重要而突出的地位,这都是由高等教育的功能和性质所决定的。

二、教学管理要不断创新、与时俱进——创新性

高等教育的根本任务是培养具有创新精神和实践能力的高级专门人才。因此,教学管理工作必须适应培养创新人才和素质教育的要求,大力推进教学管理创新。尤其在科

学技术迅猛发展,社会进步日益加快,高等教育教学改革不断深入的今天,新情况、新问题不断出现,高校教学管理工作不再是一种简单的适应性工作,而是一种不断解决新问题的创新性工作。不断增强现代管理意识,更新教学管理理念,转变教学管理思想,改进教学管理方法和手段,显得尤为迫切。要积极推进教学管理制度改革,建立符合我国国情和各高校实际的教学管理制度。要以教学管理创新带动和促进教学方法、人才培养模式等方面的创新,调动各种类型学生学习的积极性、主动性,为学生综合素质提高和特长发展提供机会,从而培养和造就具有创新精神的优秀人才。

三、教学管理是一项系统工程——系统性

教学管理的本质是在高等学校这一多层次多因素的复杂系统中,以教学子系统为研究管理对象,组织和运用学校的各种教育资源,科学安排教学过程,实现教育资源的最佳配置,获得教学工作的最佳效益。

有效的管理来自有效的组织。教学管理组织功能的有效发挥,需要管理体制和组织结构的合理优化。一方面,应建立一个科学的、完整的教学管理系统,形成全面的教学质量管理体系和运行机制。其中包括:由学校、院(系)、教研室形成的以服务于教学、教师和学生,侧重过程管理的纵向系列;由教务、科研、学生、人事、政工、后勤等形成的侧重于目标管理的横向系列。两者处于完全协调一致的工作状态,共同完成教学工作目标。另一方面,要建立起高效、灵活运转并能创造性工作的教学管理系统,必须要加强教学管理队伍建设,建立一支专兼结合、素质较高、相对稳定的教学管理干部队伍,形成教学管理的核心力量。

有效的教学管理需要良好的支持保障系统。高等学校教学管理支持保障系统包括图书保障系统,后勤服务系统,卫生保健系统,等等。高等学校各个部门,都要以培养社会主义事业需要的合格人才为中心,认真落实"教书育人,服务育人,管理育人"。各部门、岗位的职责必须明确,相互之间协调配合,形成教学管理的合力。

四、教学管理是一门科学——科学性

教学管理科学,是在教育科学、管理科学、系统科学及其他有关学科基础上形成的理论和方法体系。教学管理并不仅仅是一般的行政管理,而是兼有学术管理和行政管理双重功能的一门科学,是一门需要长期学习和实践才能掌握的学问。可以说,教学管理是一门研究教学管理的本质、思想、内容、方法、特点及规律的学科,它以教学为中心,以高水平教学质量为目标,以科学管理为主线,研究探索教学组织管理的客观规律与内在联系。面临高等教育的深刻改革,高等学校的教学管理任务十分艰巨。没有一支过硬的教

学管理队伍,就不可能有一流的教学水平和教学质量。教学管理人员要掌握高等教育学、心理学、管理学等科学理论知识,掌握高等教育规律,不断从工作实践中积累经验,根据新形势的变化和本学校的实际,创造性地开展工作。高校的主要领导干部应学习教育理论,研究教育思想,懂得教育规律,熟悉教学管理,努力成为教育家。

注重教学及管理研究,是教学管理上水平的关键所在。搞好教学管理是一个长期建设和积累的过程,能够完成日常教学管理,保证教学的基本正常运行,只是第一层次的工作,标志着它已经有了一个良好的工作基础和教学环境。但是,要提高学校的教学管理水平,就必须认真开展教育教学研究,包括教学管理研究。高等学校发展的历史和近几年学校开展教学工作评价所提供的事实,都充分证明了这一点。

概括地说,高校教学管理工作,在研究教学及其管理规律的基础上,既要行使行政管理职能,保证和服务于教学工作,更要行使学术管理职能,规划、设计、组织好教学工作。主要体现在三方面:优化教学资源配置,提高教学效率和效益;建立稳定的教学秩序,保证教学工作的稳定正常运行;研究并组织实施教学改革,努力调动师生教与学的积极性。通过严格、规范、科学的教学管理工作,全面提高教育教学质量。向管理要质量,向管理要效益,这是教育教学改革的重要任务,更是教学管理的应有之义。

第二节　教学管理的内容、目标与原则

一、教学管理的主要内容

教学管理是一个有机统一的整体。从不同视角看,可以有不同的内容体系框架。从教学管理工作体系分类,可概括为四项基本管理:教学计划管理、教学运行管理、教学质量管理与评价、教学基本建设管理。

教学计划管理是教学管理工作的纲,其核心是精心设计人才培养蓝图。教学计划管理的主要任务,就是组织各专业教学计划的编制、修订和执行,在此过程中,必须充分发挥行政和专家两方面的作用。

教学运行管理是围绕教学计划的实施所进行的教学过程及相关辅助工作的组织管理,是保证教学工作稳定运行、维持教学工作秩序的最主要的教学管理工作。

教学质量管理是教学管理最根本最重要的任务,是教学管理的出发点和落脚点。教学管理职能部门和各级教学管理人员,必须将控制和提高教学质量作为经常性的管理工作来抓,使教学质量管理贯穿于教学管理的全过程。其中,转变教育思想,提高质量意识是搞好教学质量管理的前提条件;研究建立适合校情的教学质量监控体系,以及科学的、抓住核心的、可操作的质量管理模式,是教学质量管理的关键。

教学基本建设管理是教学管理的基本内容之一,包括学科专业、课程、教材、实践教学基地、学风、教学队伍、教学管理制度等七项基本建设,这些都是直接服务于教学工作的基础建设,是形成稳定、良好的教学环境和条件,保证教学质量的基础性工作。

上述四项管理工作,从教学管理的高度和层次来说,又可分为程序化内容、常规性工作内容、中心内容和专项内容。

程序化内容,是指每个学期、每个学年相同的管理工作内容,由开学教学准备、期中教学检查、期末教学总结三大环节构成。教学管理工作可以以此为主线制订工作程序,将教学管理工作内容程序化。

常规性工作内容,是指教学管理最基本的日常要做的工作。主要有教学的组织和检查、教师教学管理、学生学籍与成绩管理等。这些是教学管理中内容最多而又复杂的工作。既然是常规性工作,每天的工作就可先从这些内容开始,及时规范,不断总结。

中心内容,就是要把好教学质量关。只有抓好计划、实施、检查、总结四个重要环节,才能做好教学管理工作,使教学机制良性运转,教学质量得到保证。

专项内容,是指教学计划管理,专业、课程、教材建设管理,教学设备管理,等等。

二、教学管理的目标

高校教学管理工作的总体目标,从根本上说,就是全面提高教学质量和办学效益。在具体工作实践中,要着眼于整体提高教学工作效率,大面积提高学生的综合素质。

学校以教学为主,教学管理就是对学校教学进行有目的、有计划的组织和管理的活动。教学管理人员应按照党的教育方针,运用各种管理手段,通过组织、指挥、协调教学有关部门和人员的活动,创造远远超过单个部门或人员力量的集体合力,以便高质量、高效率地完成各种教学任务,实现国家规定的教育目标。

教学管理既服务于教学,又指挥教学。其服务的功能表现在,通过合理分配教师力量、合理安排教学活动时间、提供和满足教学活动所需要的物质条件等,保证教学的顺利进行。其指挥教学的功能表现在对整个教学活动的组织、调度、督促、检查、评估等方面。由此可见,教学管理是维系学校教学工作正常运转的枢纽,教学管理工作的优劣从根本上决定了学校的教学质量和学生的身心发展水平。

教学管理的基本任务,在于遵循教育教学规律,通过对培养、改革、建设、管理的系统规划,借助一定的管理手段,对全部教学活动在动态演进中达到既定教育教学目标的管理。同时,发挥管理的协调本质作用,调动各方面的积极性,保证整个培养过程各阶段教学任务的完成。

一所学校教学管理的优劣,最终的检验标准还是要看学生培养的质量,特别是在社会政治生活、国民经济建设中毕业生所起的作用。高校之间的竞争,最重要的是人才素质的竞争。所以,高校的教学管理,要有宏观战略上的考虑,应把高校工作的总目标放在提高学生的综合素质上,不能纠缠于日常大量繁杂的事务性工作。要从提高大多数学生的综合素质这个目标来思考和研究教学管理改革中的一些全局性问题。

通过教学管理改革,着力解决当前专业设置、教学计划、课程结构等方面的矛盾,克服人才培养中"过窄的专业教育,过重的课业负担,过强的个性制约,过弱的人文陶冶"的问题。加强综合素质教育方面的研究,采取有效的措施,全面提高学生的思想、业务、文化、身心素质,尤其是创新思维能力、实践能力、非智力优良素质的培养。应以全面推进素质教育作为高校教学管理的出发点和归结点,教学目标、教学内容、教学评估等都应围绕提高学生综合素质来确定和进行;教学管理应注重学生的能力培养和个性发展,注重因材施教,鼓励学生创新。只有学生大面积综合素质的提高,才能培养出更多高质量、复合型的创新人才。这正是教学管理所追求的目标,也是当前教学管理的难点所在。

三、教学管理的原则

1.方向性原则

必须坚持党的领导,坚持马列主义、毛泽东思想、邓小平理论,认真实践"三个代表",端正教育思想,全面落实党的教育方针,坚持贯彻"三个面向"的原则。

2.民主性原则

教学管理人员要充分发扬民主作风,调动全体教师的积极性、主动性和创造性,共同参与教学管理工作;要尊重教师,尊重教师的劳动成果,为教师提供发表意见和建议的机会。同时,要积极引导学生参与教学管理活动,在教学管理中培养他们的自治自理能力,真正发挥好教学工作中教师的主导作用和学生的主体作用,体现教育以人为本、以教育为本的高校管理理念。

3.科学性原则

必须以科学理论为指导,遵循教育、教学和管理的客观规律,以科学的态度研究处理教学管理中的问题,并善于运用现代科学技术和手段管理学校的教学工作。

4.教育性原则

教学管理中要对教师提出两点基本要求,一是教师应以身作则,为人师表;二是教师在教学中既要重视知识传授,又要重视学生的思想品德教育。

5.整体性原则

以系统理论和现代管理理论为指导,建立合理的教学管理系统结构,坚持以教学为主,全面安排,分清管理层次,明确管理权限和职责。

6.规范性原则

建立良好的校风(领导的作风、教师的教风、学生的学风),建立和健全各项教学管理规章制度,明确各教学环节的教学质量要求和比较科学、实际的衡量标准,使教学管理工作制度化、规范化、科学化。

7.程序性原则

教学管理要抓住主要环节,实行程序控制、阶段把关、全过程管理,做到管理工作的程序化;教学管理必须讲究效率和效果,把定量管理和定性管理结合起来。

8.主体性原则

教学管理部门和教学管理人员是教学管理的主体,教学管理队伍自身素质的高低,直接决定了教学管理的效果。因此,教学管理人员要加强业务知识的学习和自身修养的提高,具备教育学、心理学、管理学的基本知识,熟悉教育法律法规,依法办事,科学管理,并善于将管理与服务有机地统一起来。

第三节　教学管理与教学建设、教学改革

高校教学工作主要由教学管理、教学建设、教学改革三部分组成。搞好教学工作,必须扎扎实实地进行教学建设,积极稳妥地推进教学改革,严格规范地实施教学管理,并把三者有机地结合起来,相互协调,互为促进,才能提高教学质量。教学实践已经证明,严格教学管理是保障教学质量的前提,加强教学建设是保证教学质量的基础,深化教学改革是提高教学质量的关键。

教学管理作为一种重要的管理活动,要有一定的条件保障,必须具备许多基础性的软件、硬件条件支持。教学管理也不是一项孤立的管理活动,只有相关部门相互支持与合作,才能保证教学工作的顺利进行。教学建设包括了专业学科建设、课程建设和教材建设、师资队伍和管理队伍建设、学风建设、基地建设、教学规章制度建设等基础建设,是影响人才培养质量和学校发展的重要因素。在每项基本建设中,要不断提出改进措施,以改革推动建设,改革于建设之中,相辅相成,共同提高。教学管理部门的主要精力也应该投入到教学基础建设之中,长期不懈、扎扎实实地抓下去,为教学改革和教学管理奠定扎实的基础。

教学改革是高校教学工作上水平的助推器。新世纪之初,教学改革的中心课题应该是人才培养模式及相应的课程结构改革。人才培养模式改革需要解决好几个方面的问题:要注重宏观思维能力、创新能力的培养;更新专业教育的理念,专业面要拓宽,实行宽口径的专业教育,把过去单一的专业化教学体系,改变为兼容专业、人文、社科、经济、管理等内容的综合教学体系,培养复合型人才;加强学生综合素质的培养,提高学生终身学习能力和良好的社会适应能力。人才培养模式改革的落脚点是课程改革,调整课程结构性矛盾要处理好几个关系:微观与宏观的关系,改变目前课堂教学中过于微观、细节的知识,而宏观思维能力训练很少的局面,加强宏观思维能力训练;局部与整体的关系,改变课程结构,精简课程门类和课时,以课程结构的整体优化指导每门课程的局部优化,并把教材体系与教师讲授体系分开;专业与非专业的关系,要注意引导学生关注"非专业"内容的学习;传统与现代的关系,改变"知识继承型"和"单向灌输型"的传统方法,采用现代教育技术,提倡学生参与式教学,注重实践、创新能力的培养,使学生能够适应社会经济发展的新形势。

特别值得关注的是,本科教育教学制度的改革,即由学年制向学分制教学制度的转变。这是高校教学制度改革的重头戏,也是我国高等教育与世界高等教育接轨的需要。由此必将带来高校教学管理制度的重大变革。

学年制是现在一些发展中国家仍在采用的一种教学管理制度。我国从新中国成立开始到20世纪80年代一直实行这种制度。它是通过一定的教学计划,在规定年限(学制)内,学生学完规定的课程及其教学环节,达到预期的人才培养目标和基本规格。学年制教学模式单一,要求统一的教学计划。其优点是整齐划一,便于管理,其不足之处是按同一模式培养人才,规格单一,知识面窄,缺乏弹性,不利于学科的交叉渗透,不利于推进素质教育和全面贯彻因材施教的教学原则。

相对而言,学分制(又称学分积累制)是以学分作为计算学生学习分量的单位,以取得必要的最低学分为毕业标准。学分制的内涵很简单,但实施学分制涉及一系列管理制度,即使在学分制的发源地并已经实施了一百多年的美国,目前仍在探讨、发展和完善它。学分制将教学计划规定的课程及其教学环节以学分的形式进行量化,学生的学习不受学习年限的限制,以完成一定范围内规定的学分量为手段,达到预期人才培养的目标和基本规格。学分制实行"弹性"的教学计划。能够在一定范围内兼容各种规格人才的培养;这种教学制度能够实现跨学科(专业)的教学,从而培养出具有宽厚的学科基础和较强研究开发能力的人才,以适应科学技术综合、渗透、交叉发展的需要。教学制度灵活,能较好地贯彻因材施教的原则,有利于优秀人才脱颖而出。学分制的核心是选修课,主要表现形式是学生自主选择专业、自主选择课程、自主选择教师、自主选择学习进程和学习方式。由于这种教学制度计划性差,教学管理相对学年制,学习制度要复杂得多。

但是,学分制是新世纪高等教育发展的潮流与趋势。我国在这方面也进行了若干年的探索和尝试,试图建立一种既保留学年制计划性的优点,又吸收学分制教学灵活的特点,具有中国特色本科教育的教学制度。但这种探索步履蹒跚,进展缓慢,且还很不成熟。

学分制的通识教育思想,文理渗透、基础宽厚、注重能力的人才培养模式,推进素质教育、贯彻因材施教的原则,以及鼓励学生个性发展和创造性的发挥、利于优秀学生脱颖而出的教育环境,正是教育教学改革的方向和目标,大势所趋,别无选择。

从教学管理角度讲,推进学分制必须采取以下措施:

第一,要更新教学管理理念。学分制教学制度有利于学生个性发展,实现多元化的人才培养目标。但是,个性化的培养方案对学生认定与统计、学籍管理、教学的组织等方面增加了很大难度。因此,要树立"育人为本""以学生为中心"的思想,转变管理理念,主动为学生服务。

第二,加快教育教学改革。建立与学分制相适应的人才培养模式,构建"宽口径、厚基础、强能力、个性化"的课程结构体系,改革教学内容和教学方法,压缩学分和学时,形成有利于学生快速成长和全面发展的教学管理制度。

第三,加强教学管理现代化建设。学分制的核心是选修课,推进学分制建设就是要推进选课制度的改革,而灵活的选课制度必须建立"以计算机和网络为中心"的现代化教学管理系统。

第四,优化配置教学资源。实行学分制,不仅要求学校学科比较齐全,师资力量雄厚,生源质量好,而且要求有较好的教学设施条件。特别是教室、实验室、图书资料等资源应比较丰富、充足。我国高校近年来发展很快,国家投入较大,但是由于连续几年的扩招,学生规模迅速扩大,学校的教学资源普遍比较紧张。在此情况下,必须进行教学管理创新,实施科学管理,教室、实验室、图书馆应全天候向全校开放,实现教育资源的高度共享;大力发展现代信息教育技术,特别是网络技术和多媒体技术,推行网络教学,建立共享的教学平台,提高教学资源的利用效率。

总之,进入新世纪,面对经济全球化进程明显加快,科技进步日新月异,综合国力竞争日益激烈的新形势,面对国家经济社会的发展和"科教兴国"战略的实施,大力提高高等学校的办学水平和教学质量,已经成为时代的主题,成为新世纪高等教育改革和发展的迫切任务。在我国高等教育走向国际化、大众化、信息化时代背景下,面对中国加入WTO 的新形势,从提高我国高等教育国际竞争力的战略高度出发,必须把教学质量视为高等学校的生命线,牢固树立质量意识、品牌和特色意识、市场意识、创新意识和素质意识。教学管理工作必须与时俱进,适应高等教育改革的新形势,不断研究新情况,发现新问题,解决新矛盾。要创造性地开展工作,按照"发展要有新思路,改革要有新突破,开放要有新局面,各项工作要有新举措"的要求,大力进行教学管理创新,重点是在教学管理思想观念、机制和制度上,要打破传统落后的思想和模式,拓展教学管理改革的新思路,建立新的教学管理机制和制度,探索新的管理方法和手段,开创我国高等学校教学管理的新局面。

第六章　教学计划管理

教学计划,即专业培养计划,是人才培养目标、基本规格以及培养过程和方式的总体设计和实施蓝图。它决定着学校教育、教学内容的方向和总的结构,是学校实现教育目的和任务的有力保证,是组织教学过程、安排教学任务、确定教学编制的基本依据,也是学校保证教学质量的最基本的教学文件。教学计划管理是教学管理的核心和主体,主要包括教学计划的制订或修订,教学计划的实施组织和检查监督这两部分。

第一节　教学计划的制订

在现代教育理论中,"教学计划"与广义的"课程"这一概念比较接近。其定义为"课程是指学校按照一定的教育目的所建构的各学科和各种教育、教学活动的系统""是按照规定期限学习的学业的进程"。用工程的话说,"课程就是教育目标指向一系列学习机会的作业计划。"这个概念包含以下几个基本要素:课程是有目的的,不是自然发生的;它是一个有组织的体系,而不是杂乱无章的;它既包括学科体系,也包括其他有目的的教育教学活动体系。当代高等教育是一个多样化的体系,具体到课程体系的构建,会由于所处社会、环境条件不同,教育思想的不同而产生各式各样的课程系统,尽管其千差万别,但其编排、制订与实施,却都遵循一定的规则和程序,需要把思想上观念上的东西加以具体化,经过若干过程和步骤,最终形成所期望的课程结构。这一过程或步骤就是"课程论"中的用语"课程编制",而课程规划或教学计划设计是课程编制的核心工作。课程编制在教学计划管理中是属于高一层次、富于理论性的,需要有理性思维和创造性才能做好的重要工作,而这一点恰是以往人们重视程度不够的问题。

一、教学计划的总体设计

修订教学计划必须符合在校期间人才培养和成长的客观规律,也就是说要遵循这些规律或法则来修订教学计划。而这些法则或原则的提出,需要有深厚的教育理论基础研究,特别是借鉴先进的研究成果才能提出的。制订教学计划的基本原则主要有:德智体等方面全面发展的原则,理论和实际相结合的原则,注重知识、能力、素质协调发展和共同提高的原则,遵循教育规律的原则,因材施教的原则,整体优化的原则。

修订教学计划需要两种模式的结合。

1.经验演进模式

这种模式通常是在继承或借鉴经长期实践、符合教育规律的经验的基础上,在不改变原有教学计划基本框架的前提下,做出若干改进,或加以补充,或作适当调整的做法。

2.科学设计模式

这种模式通常是在有强烈改革背景和环境条件下,对课程结构进行重新设计,属于打破旧模式,建立新模式的工作。其哲学指导思想是强调理性思维。

两种模式各有优缺点,在实践中常常是相互渗透和相互补充的,因此在课程编制中需明确相互结合这一点。

通常来讲,修订教学计划大体包含四个组成部分或四个阶段:

(1)确立培养目标和表述目标。

(2)选择和组织课程内容,并形成课程结构体系。

(3)实施教学计划。即把编制好的教学计划做实验性质的实践,把人们头脑中的教学思想观念及其物化形式——教学计划加以落实。

(4)对教学计划进行评价。其主旨是通过实施检验课程目标是否达到。

随着社会与科技的进步,培养目标的变化,上述四个阶段的内涵不断得到调整、发展和完善;在循环往复过程中,四个阶段工作又相互渗透,每个阶段在实践中都可以作为起点或突破口。

二、培养目标的确定

高等教育培养目标是高等教育目的在不同专门化领域和不同层次高等教育的具体化。而高等学校的专业培养目标又可以逐级分解成更低层次的目标,因而实质是一个"目标体系"。各专业的教学计划、课程体系,都是以专业培养目标为基础来制订的,因而定位专业培养目标是制订教学计划的前提条件。而确定专业培养目标必须在一定教育思想和基本理论指导下,依次把握好以下基本问题。

1.明确制订者

培养目标及教学计划制订是组织行为,应由学校及系(院)组织有学术造诣和经验的专家,组成教学计划修订工作小组,在实施调查研究基础上修订,并在反复、广泛征求意见的基础上形成,最终由学校(院)教学工作委员会审定。一些院校采取的由教研室"承包"的简单做法是不可取的。

2.科学确定培养目标

确立专业培养目标,必须遵循国家教育方针,依据国家教育部颁布的各层次、科类培养目标,同时要面向 21 世纪,适合我国国情并结合学校实际,体现对学生德智体等方面基本素质的全面要求,体现不同层次、不同学校的特色。

3.要制订出内容具体、表述规范的培养目标

专业培养目标包含三个方面的具体内容:

(1)培养方向。通常指通过课程和教学,该专业培养人才所瞄准的未来职业门类。如工程师、教师、医生、农艺师、律师、研究人员、文艺工作者等。

(2)使用规格。指同门类专业中不同人才在未来使用上的规格差异。如工科门类专业可分为工程技术人才、技术科学人才、管理工程人才三种使用规格。而有些专业又分为理论型和应用型两类使用规格。

(3)规范和要求。即对同一的培养方向、同一使用规格人才在德、智、体诸方面的具体要求。它是培养目标中核心和本质的东西。

专业培养目标只是对该专业所培养的人才的一个原则的描述,只能给教学计划或课程体系的编制指明一个大致的方向。因此,要使专业培养目标真正成为修订教学计划课程体系,甚至每门课程内容选择和组织的直接依据和参照,就还必须把专业培养目标进一步具体化,所以在表述培养目标基本要求时应注意表述清楚四个要素:

(1)对象。即阐明该目标所服务的对象。如"本专业所有学生都要……""入学前未参加过实际工作的学生要……"等。

(2)行为。特指学生要达成的能力种类或要做出的活动性质,如"掌握……""能使用……""具备……能力"等。

(3)内容。即上述行为所针对的对象。如"较强的自学能力、创新能力、适应能力""一门外国语"等。

(4)程度。必要时把学习的时限和所要达到的掌握水平同时表述出来。

专业培养目标的研究确定,反映了学校功能、学科、层次、水平的定位。它既能反映出学校对国家教育方针、高等教育目标的理解和创造性贯彻,又能反映出自己的办学特色和育人水平,因此应予十分关注,在教学计划管理中,首先抓好这件工作。

三、制订教学计划的基本原则

第一次全国普通高等学校教学工作会议提出了关于普通高等学校制(修)订本科教学计划指导性的基本原则。

(1)教学计划的修订要以邓小平理论和党的十五大精神为指导,全面体现"教育要面向现代化,面向世界,面向未来"的时代精神,坚定不移地贯彻落实党的教育方针。要努力吸取近几年来,特别是《高等教育面向 21 世纪教学内容和课程体系改革计划》实施以来,高等教育在教育思想与教育观念、教学内容与课程体系、教学方法与教学手段等方面已经取得的一系列改革成果,及时将其固化在教学过程和人才培养模式之中,并大胆借鉴国外成功的经验和管理模式。要依据有关法律法规和教育部制订的人才培养目标,积极、科学、稳妥地进行。

(2)教学计划的修订要遵循教育教学的基本规律,坚持知识、能力、素质协调发展和综合提高的原则,使学生在德、智、体等方面得到全面发展。要处理好思想与业务、理论与实际、学习与健康等方面的关系,要培养学生既有良好的思想道德素质、强烈的民族自豪感和社会责任感,又有为社会主义现代化建设服务的基本本领,还有健全的心理和健康的体魄。要强调加强学生的全面素质培养,在重视知识传授的基础上,大力加强学生获取知识、提出问题、分析问题和解决问题能力的培养。要强调拓宽基础教学的内涵,改变本科教育内容偏窄的倾向,加强包括自然科学和人文社会科学在内的基础知识、基本理论、基本技能的教学及基本素质的培养,采取多种形式加强大学生文化素质教育,使学生通过学习能够构建起可适应终身教育及社会发展变化需要的知识、能力结构和基本素质。

(3)教学计划的修订要充分体现整体优化的原则,科学地处理好各教学环节之间的关系。制订整体优化的本科专业教学计划,首先要处理好专科、本科和研究生教育之间的关系,进一步明确本科教育的培养目标以及各层次间知识的衔接。其次,要整合课程设置,根据培养目标构建融会贯通、紧密配合、有机联系的课程体系。要改变课程内容陈旧、分割过细和简单拼凑的状况,避免脱节和不必要的重复。要防止"因人设课"和"因无人而不设课"的情况出现。对于同类专业间的共同基础课程,要加强内容和体系上的统筹和协调。再次,要处理好理论教学与实践教学的关系,要加强理论联系实际,明确实践教学目标,加强教学、科研和社会实践的有机结合,丰富实践教学内容、方式和途径。最后,要处理好课内教学与课外指导的关系,通过优化课程结构、改进教学方法、引进现代化教学手段等途径,减少课内学时,加强课外指导,为学生的自主学习和独立思考留出足够的时间和空间,使课内与课外、校内与校外的教育活动形成有机整体。

(4)教学计划的修订要坚持统一性与多样性相结合的原则,努力在保证人才培养基本质量的同时,办出特色、办出水平。教学计划的统一性体现在国家对本科人才培养目标的要求上,反映国家对本科人才培养质量的基本要求;多样性体现在各高等学校制订的专业培养目标和人才培养模式上,反映各学校的办学特色。为了适应社会的多样化人才需求,各高等学校要"解放思想,实事求是",深入地研究所办专业在 21 世纪国民经济建设和社会发展中的地位和作用,根据各专业的生源质量、师资水平、办学历史与条件、所在地区的社会经济发展水平与远景规划以及毕业生的服务面向等实际情况,科学地确定各专业的培养目标,努力将各自的办学优势和特色反映在教学计划之中,改变教学计划"千校一面"的状况。要采取扩大选修课种类与数量、适度放开专业及专业方向选择权等措施,改变学生知识、能力结构"千人一面"的状况,把因材施教落到实处。要积极为学生提供跨学科选修、主辅修、双学位、课外学术活动等多种教育形式和机会,为学生发现、发展各自的志趣、潜力和特长创造条件,并促使其达到个性发展与社会责任的高度统一。要增加和改进培养学生创新思维和创新能力的教学环节,并融于教学的全过程之中。

根据这个指导性原则,学校在组织修订教学计划时,必须有一个可供系(院)组织实施这项工作的依据,这就是"学校修订教学计划的原则规定",由教务处提出,经主管校长批准作为学校正式文件。

"学校修订教学计划的原则规定"应是份纵观教学工作与改革发展全局,借鉴国内外高校之经验,掌握本学科(门)类科技前沿研究动态,在现代教育思想、观念指导下,运用现代教育管理原理,贯彻国家教育方针,体现教育部颁布的学科门类修订教学计划的原则意见和基本要求,充分结合本校学科优势与教学特点而提出的一份如何编制教学计划的指导性文件。显然这是各专业人才培养蓝图设计的指导书,是应当既有理论蕴涵又有实际指导价值的顶层设计。

"学校修订教学计划的原则规定"一般应包括:

(1)修订教学计划的指导思想。

(2)修订教学计划的原则。

(3)培养目标和基本要求。

(4)教学计划安排。包括课程结构设计要求、时空结构(标准学期、在校时间分配、课内总学时、周学时)规定等。

(5)教学计划格式及要求。

与"学校修订教学计划的原则规定"相配套的还应有一个由教务处与系(院)反复协调形成的,对全校专业教学需要的公共课、基础课、主要技术基础课或专业基础课的课程内容及不同学科类别学时,理论与实验(含上机训练)、实践(课程设计或学年论文等)学时(周)比例分配,课程安排学期等的安排意见并制成表格统一下发,作为修订教学计划的可操作性依据。

"学校修订教学计划的原则规定"的真正作用其实还是一份将各级文件、思想、精神固化的宣传材料,讲得深透,教师就可以理解,就能比较好地制订出更为接近或达到总设计要求的教学计划,就可以比上一轮教学计划在某些方面有所突破或重大改进;同时也可以自觉地贯彻执行与实施这个计划。因此教务部门在系(院)配合下应该倾全力去做好这个组织全校修订工作的前导性设计工作。系(院)在学校"修订教学计划的原则规定"的指导下,也应思考提出本系(院)的相应原则要求,才能搞好本系(院)教学计划制(修)订工作。

四、课程教学内容的选择与组织

遵照上述原则,根据目标的层级性,课程及内容的选择也可分两个主要层次:第一个层次是整个专业课程结构的研究构建,即各门课程的选择(围绕主干学科,设置课群及主要课程);第二个层次是每门课程中的内容的选择。这两个层次之间至关重要的联结纽带是课程结构(体系)的总体功能及其整体优化,这就要了解、掌握和符合课程内容体系发展的趋势和必然要求。

课程内容的选择并不是随意进行的,它应当遵循一些原则。一些教育管理专家就曾提出如下原则:适时原则(跟上时代步伐,防止选择陈旧内容。即防止具体知识过时和学科研究范式的过时);完整原则(保证基本原理、原则和知识在逻辑上的连贯,保证所选择的课程内容的内在逻辑完整性);经济原则(尽可能选择那些课时少、负担轻、学生又感兴趣的内容来达到同一目标);实践原则;量力原则;满足原则(有利于使学生学习有满足或成功感,树立积极向上的学习动机)。课程内容的组织,一般要考虑课程要素之间的"纵向"和"横向"上的某种关系。

"纵向结构"是指课程要素在时间上的相互关联性。在时间关联性上要遵循两条原则。一是"连续性原则",就是说课程安排要能不断地、连续地为学生达到某一个目标提供机会。二是"程序性原则",就是说要处理好先学内容和后学内容的关系并为此提出依据。在当前教学改革中,国内外许多高校编制教学计划时,在课程内容的纵向安排上,打破原来约定俗成的排列顺序,进行了多种的试验,创造了许多新鲜经验。

"横向结构"是指课程要素在空间上的相互关联性。主要表现在三个方面:

一是各学科之间的相互关联性,当代高校教学改革中所提倡的文理工渗透,跨学科课程、核心课程等,都是对学科综合化趋势的反应,也就是处理好学科之间的"统合"(指为达到一定目标而使课程要素之间在横向上产生相互作用和联系的做法)。

二是学科与社会之间的关联性,即借助以社会问题为基础的课程组织形式,达到建立完全的课程结构的横向联系的目的。如高校教育改革中很多将学习理论知识与实际运用之间紧密结合的做法。

三是学科与学习者之间的关联性,要从认识侧面,处理好内容与过程的关系(注意到培养学生掌握科学探索的基本方法和获取知识的过程的重要性),处理好传授知识与培养能力的关系(选择经过理论论证并得到实践检验的能力为经纬的课程,融入课程结构之中)。

以上三种关联的联结点是科学与社会发展的实际问题。学科、社会和学习者这三个方面若能达到某种最佳和谐状态,同时再把纵向结构中的各因素考虑在内,就有可能建立起比较理想的课程组织结构教学计划,从而大大提高教育质量。

教学计划从形式上也有其基本结构,在制订或审查时,应看其是否具备五个主要部分:

(1)专业培养目标、基本要求与专业方向。

(2)学制与修业年限。

(3)课程设置(课程结构和主要教学环节)。

(4)教学进程总体安排(又称学年编制或学历)。

(5)必要的说明。

五、教学计划的实施及整体评价

根据培养目标而制订的教学计划仅仅是一种"预期的课程",还必须拿到教学实践中去实施,以完成对所设计的教学计划的科学性、可行性的检验。教学计划实施可以有两种形式:一是小规模的实验式检验性质的实施,二是大规模推广性质的实施,前者为后者奠定基础,后者是教学计划制订的最终目的,是前者的扩展。

教学计划实施的主体是广大教师。教学管理者要组织他们完成两项重要工作:首先,根据教学计划培养目标把本门课程在教学过程中的教学大纲编写出来,并拟定每个部分、每个单元甚至每节课的教学目标。其次,教师应根据这些教学目标及课程内容的性质等因素,进行教学方法设计和其他教学准备。

对教学计划进行评价,旨在通过评价活动发现问题和不足,并找出其原因,从而做出相应的改进。教学计划的整体性评价大致包括以下四个部分。

(1)教学计划设计(制订)过程的评价。依据的标准有两条,一是制订过程是否遵循了科学的原理、原则,二是编制过程是否遵循了一定的合理程序。制订教学计划的一般程序是:广泛调查社会、经济和科技发展对人才的要求,论证专业培养目标和业务范围;学习、理解上级相关文件精神及规定;教务处提出本校制订教学计划的实施意见及要求;由系(院)主持制订教学计划方案,经系(院)教学工作委员会讨论审议,校教学工作委员会审定,主管校长审核签字后下发执行。教学计划要保持相对稳定,并根据需要,隔若干年进行一次全面修订。

（2）对教学计划制订结果的评价。旨在检验教学计划与初衷（教育思想、目标、改革设想等）的吻合度。

（3）对教学计划实施过程的评价。旨在检验教学原则和科学合理的教学方式的选择与组合原理是否经过教师的创造性工作得以实现，高等学校教学管理还存在什么问题。

（4）对教学计划实施结果的评价。其主旨在于检查学生通过课程学习是否达到了预定的目标；其评价标准就是课程目标；其评价主要方式则是人们最为熟悉的各种形式的考核。

教学计划的实施与评价，是课程编制中的重要组成部分。它的特殊作用与意义往往被一些教学管理者所忽略，一些学校教学计划的修订几乎是每年都在进行，又几乎是不加任何实验试点的检验与评价，就"大面积"地在全校（院）实行"新一轮"的计划，这种做法是应予改进的。

第二节　教学计划的实施与检查监督

教学计划是一个科学的、完整的课程体系，其执行并实施也应是科学、有效、一丝不苟的。既要鼓励任何一级教学管理者和教师根据教学计划反映出的科学思想去创造性地执行与实施，又要谨防和克服各种随意性，这样才能达到教学计划的科学设想和目标。因此，教学计划执行与实施过程管理的根本任务是调动教、学、管的积极主动性，保证教学稳定、有序、高质量地进行。教学计划的执行与实施组织，主要抓好以下四个环节。

一、编制学年或学期教学执行计划

编制教学执行计划的做法各校有所不同，有的学校按学年编制一个"课程计划"，再按学期编制一个运行计划（表）。编制"课程计划"的好处在于提前做好课程开课的各项准备工作，如教材编写（需要抓紧进度）；实验项目准备与新项目的研究开发与制作、试作、调度等准备；课程设计选题和实习场所的准备；教师教案编写、案例调研编写准备，青年教师实践锻炼安排及培养等。在编制教学进程计划中，必须以经学校批准执行的教学计划为依据，安排各门课程和主要教学环节的教学任务，要抓住几个关键性工作：

（1）要校（院）系协同，安排优秀教师上教学第一线，担当主讲教师，特别是基础课主讲教师。

（2）要为有各种特殊情况但又合理要求的教师或实验室，创造性地提供或安排较为理想的教学时间和空间。编制者为此需做大量耐心细致的调查。

（3）制订编制进程计划的程序表，明确规定编制者的任务、讨论制度、审批制度及时间要求。

二、编制单项教学组织计划

这里所说的单项教学组织计划是指教师和有关职能部门制订或编制的某一个单项的教学活动的组织计划，如课程教学日历、实践教学安排计划等。单项教学组织计划编制应当强调具有组织行为的一面，也就是说委托教师起草、编制，但应经过教研室（课程组）集体讨论形成，并经领导审定，因此也需要有相应的制度规定。

三、教学计划的调整

审定后的教学计划及学年、学期进程计划以学校文件形式下发，其所列各门课程、环节的名称、学时、开课学期、考核方式、开课单位和任课教师等均不得随意改动，执行过程中需要调整的，应严格按照审批程序执行，同时应有相应的文档管理办法。在执行过程中需对教学计划做较大调整的专业，要对该专业的教学计划进行修订，提交经修订的专业教学计划和论证报告。有个别做调整的课程，需要提交调整该门课程的论证报告。经审核并已经排定的学期教学执行计划，不能再做调整。

四、教学计划执行情况的检查

学校应加强对各系院所执行教学计划的情况进行监督检查，每学期的期中教学检查工作都可将检查教学计划的执行情况作为重点检查内容。检查应针对不同层面、不同阶段的计划实施情况实行不同方式的检查，一般以自查为基础。检查应有分析总结和恰当的反馈办法。检查制度是稳定教学运行、监督计划实施、探索教学经验和改革方略、进行教学质量监控、最终提高教学质量的有力保证。检查可以纳入全面质量管理或质量监控系统工作之中统一规划进行。

总之，教学计划管理是一项体现学术管理与行政管理相结合特征的重要教学管理工作。决不能将其视为纯事务性、例行公事性的工作。它有很强的科学性、实践性，因而需要以现代教育思想、教育观念及其相应理论作指导，特别需要哲学高度的理性思维和创造性；需要有长时间的、大量的比较教育研究和资料、经验积累作基础；当然也更需要有一支教育思想水平和现代化教育管理水平比较高的教学管理队伍，尤其重要的是，要以为教师服务的理念去组织教师队伍完成编制、执行与实践教学计划，这样才能搞好教学计划管理。

第七章　教学运行管理

在教学管理中,教学运行管理是按教学计划实施对教学活动的最为核心、最为重要的管理,它包括以教师为主导、以学生为主体、师生相互配合的教学过程的组织管理和以校、系(院)教学管理部门为主体进行的教学行政管理。其基本点是全校协同,上下协调,严格执行教学规范和各项制度,保持教学工作稳定运行,保证教学质量。

第一节　教学运行管理的重要性

管理本身是一门科学。一个单位,一个部门的工作效益的高低,除了受其种种硬件条件限制外,管理水平也是一个重要的因素。对于保障和提高教学质量来说,搞好教学运行管理是十分必要的。教学运行主要是围绕教学计划的实施所进行的教学过程及相关辅助工作的组织管理,它是动态的管理。

在教学过程的组织管理中,当然包括教与学两个方面,需要双方的努力与配合。从矛盾论的角度看,教师居于矛盾的主要方面,起着主导的作用;但从另一个角度来看,学生占学校人员的绝大多数,教学的目的毕竟是向他们传授正确的思想和科学的知识,将他们培养成合格的人才,在某种意义上说,教师的教学活动也是为学生服务的,因此学校的教学活动必须以学生为主体。以教师为主导,学生为主体,搞好教学活动,这个指导思想必须明确,教学运行工作才能搞好。

教学运行管理的总原则是"全校协同,上下协调,严格执行教学规范和各项制度,保持教学工作稳定运行,保证教学质量"。"全校协同,上下协调"的前提当然是全校各部门(不仅仅是教务部门、学生工作部门,也包括党团组织部门、后勤保障部门以及其他诸多部门),上下各级(校级、院级、系或部级、教研室或教学组织等)机构应达成"教学工作是学校经常性的中心工作"的共识,如何进行"协同""协调",都应从有利于提高教学质量的基点出发。在各个教学行政管理部门的相互协调中,教务部门应起主要作用,教务处的工作人员应自觉地担负起这个责任来。

一个学校的教学规范和规章制度就是为保证教学稳定运行的行为准则和协同、协调的准则。因此,是否严格执行教学规范和各项制度,体现着这个学校是否从严治校的校风、学风,关系到能否保持教学工作的稳定运行,关系到教学质量的高低。

教学运行有其自身的规律,概括来说就是"一个计划、一个大纲(教学大纲)、三个环节(课堂教学、实践教学、科学研究训练)、五个管理(日常教学管理、学籍管理、教师工作管理、教学资源管理、教学档案管理)"。

第二节 教学大纲

教学大纲是关于某一门课程教学目标与教学内容(包括实践性教学环节)的基本要求。它是任课教师实施教学的依据,也是检查评估其教学是否达到基本要求的依据。有了教学大纲就可以避免可能出现的教师讲课的随意性,对保证教学质量有着重要的意义。

应当参照教育部(及原国家教委)提出的课程教学基本要求,根据本校教学实际情况组织教师自行编写适合本校使用并具特点的教学大纲,或若干所学校相同专业的教师联手编写;有些课程也可以使用教育部门组织编写的或推荐的教学大纲。

教学大纲一经学校确定,则对课程的教学活动就具有"法律效力",授课教师就必须严格按照教学大纲进行教学活动;有关部门对教学内容或教学质量进行检查,包括学校组织的期中、期末考试都应以此教学大纲为依据。

因此,教学大纲的制订必须慎重,一定要符合专业培养目标及其教学计划整体优化的要求,也需要考虑学校的实际情况,如师资力量、条件、课时数额多少、进行教学实践活动的客观条件等,从而制订出高质量的教学大纲。教材的编写和修订、实验项目的设置、实验室的建设、教学条件的配备与改善均应以教学大纲为依据。

第三节 教学组织

一、课堂教学

课堂教学是学校进行教学活动最基本的形式,教师传授知识主要是在课堂上通过讲课的方式进行的。为了保障课堂教学质量,应当对基层教学组织提出具体要求。

首先,选聘好授课教师。要求选聘那些学术水平高、教学经验丰富、教学效果好的教师担任主讲教师;被选聘的教师必须经过所开课程(包括实践教学环节)各个环节的严格训练。当然,在这个问题上,学校教务处应在各系(部)、教研室(教学组)选派承担教学任务的人员的基础上进行核查,核查的内容包括:所开课程的教学人员是否全部落实;这些人员是否都具有教师资格;有否外请人员,外请人员能否承担该项教学任务;如由二人或多人共同承担,阵容搭配是否合适;具有高级专业技术职务的教师是否达到学校规定的比例;新开课的教师是否进行过岗前培训或试讲,有无系统地备课等。经过教务处审查过的授课人员名单不得随意变动,如有特殊原因需要变动,须报教务处批准。

其次,教研室要组织教师认真研究所开课程教学大纲,根据大纲的要求编写或选用合适的教材,并选定向学生推荐的参考书,责成任课教师撰写教学日历和教案。教学日历实质上是一份课程教学内容进度安排计划,要求根据教学大纲规定的教学内容及教学周数、学时数,把本课程所在学期(学年)的教学活动、教学内容加以具体地安排,以便把握教学进度,避免出现前松后紧或前紧后松甚至遗漏教学内容的现象发生。教研室主任应在校、系下达下一学期的教学任务后,对教师的上述准备工作进行检查。若发现不足,及早弥补。教学活动开始后,教研室还应适当组织本教研室的教师开展教学观摩活动。教研室主任要坚持听课制度,对正在进行的教学活动要适当地进行教学检查,听课或检查之后要有记录和反馈,以帮助任课教师改进教学内容与方法,提高教学质量。

再次,组织任课教师研究教学方法,注意避免注入式的教学,提倡启发式教学。采用启发式教学是对教师的教学水平提出更高的要求,它要求教师一改"我讲你听"的传统教学方式,教师要针对授课对象的特点提出问题促使学生去思考及回答教师的提问。这不仅可以培养学生的主动思维能力,还能够活跃课堂教学的气氛,提高教学质量。

最后,教研室要积极发展计算机辅助教学、多媒体教学、电化教学等现代教育技术,利用校园计算机互联网系统,扩大课堂教学的信息量,并获取最新知识、最新科学技术成果,提高教学质量。

二、实践教学

实践教学环节在整个教学活动中有着重要的地位。它不仅仅是对课堂理论教学的检验和深化,而且可直接培养学生的动手操作能力,更重要的是由于理论本身来自实践,实践往往成为促进理论发展的巨大动力。因此在编制一门课程的教学大纲时,对这门课程中需要开展的实践教学部分必须予以充分考虑。另外,实践教学课(环节)本身也要编写教学大纲和安排教学计划,对该项实践教学课要达到的目标,实践教学内容、场地、器材和设备的准备,教学过程中可能出现的问题等,均应加以规定或安排。一般来说,实践教学课课时有限,经费紧张,难以重复进行,故编写好教学大纲和教学计划就可有条不紊地进行,力争一节课下来尽量收到较好的效果。学生的毕业论文(毕业设计)可与实践教学课相结合进行,在可能情况下,学校尽量投入一些经费。在校内外建立起学生进行业务实习或社会实践的基地,使实践教学活动更有保障。纳入教学计划的实践教学课程应当保证按计划进行,不得随意删减。

三、科研活动

大学生在校期间参加科学研究工作,是培养实践能力和创造能力,树立为社会服务意识的综合性教学环节。学校"要采取多种形式组织学生参加科学研究工作,把课内和课外、集中和分散安排结合起来",注意在向他们传授知识的同时,也应组织他们在教师的指导下开展科研活动,可以承担少量的社会需要的科研攻关项目,并给予物质上和经费上的保障。在我国的部分高校,特别是一些综合性大学,近两年已经开始了这方面的尝试,并取得了较好的效果。

第四节 日常教学管理

日常教学管理核心在于保障教学计划的严格实施,其主要工作是严格执行教学计划年度或学期的"三表",即教学运行表、课表(课程表)、考表(考试安排表)。

一、教学运行表

教学运行表有的学校也将其称作教学进度计划表,可以以学年为单位制订,也可以以学期为单位制订,制订它的依据是教学计划。它的作用有二:①它是课表的编制依据,教务科的工作人员以它为依据排出该学年(学期)的课表;②它在教学计划的执行过程中,可以避免出现漏排课或重复课的教学事故发生。之所以在教学计划之外还要制订它,是因为教学计划在实施过程中难免会有临时调整,教学计划一旦制订出来就要相对稳定一段时间,不可能每年或每学期都变动,临时调整不可能在教学计划上反映出来,如仅有教学计划,临时调整的课程有可能在以后的课表编制中被遗漏或重复,而有了教学运行表即可弥补其不足,即使某一学年(学期)的课程安排与教学计划完全相同,无临时调整,编制教学运行表也是必要的,它记载了教学计划实施的实际状况,各个学年(学期)的教学运行表累积在一起,就是这所学校教学活动的真实记录。

二、课表

课表是全校师生教学与学习活动的日程表,是教学计划付诸实施(专业班级、所开课程、任课教师、上课时间及地点)的具体方案。编排合理的课程表,能够保证师生的活动处于最佳的状态,并有节奏地顺利进行。编制课程表首先要有利于提高学生的学习效率;其次,要从学校的客观条件(如教室、实验室、计算机室、电化教室、运动场地等的容量,设备器材的多少等)出发,并注意能够充分利用这些客观条件;再次,有利于学校各项工作、教师教学与科研活动的全面安排、师生时间的合理分配;最后,要注意不同课程的特点,在可能的情况下要注意并照顾任课教师合理的某种特殊要求。课表下发后要严格执行,注意检查,无正当理由非经领导(主管校长或教务长、教务处长)批推不得调整。

三、考表

考试是教学活动的重要组成部分,考风直接反映一个学校的学风,考表是严格考试管理的基础。除了考表外,还应有考场记录表,如实反映某一门课的考试情况(如考试科目、参考学生班级、参考学生人数、实际参考人数、缺考学生人数、姓名及原因、监考人员姓名、考场有无异常情况等),考表、考场记录表随同学生试卷应作为教学档案保存起来。

校、院(或系、部)要建立教学日志制度,从开学到放假,每天都要有关于教学活动实际进行情况的记录,由专人记录,对记录中出现的问题,领导应及时处理、解决,处理、解决的措施及结果应记录在案。教学日志也是重要的教学档案,要长期保存。

四、学籍管理

学籍管理和教学档案管理是一项非常严格而政策性又很强的工作。学籍管理与教学档案管理之间有着密切的联系,学籍管理要建立有关档案,有的需要永久保存,档案管理中学籍档案管理是其中的重要内容。

学籍管理是对学生的入学资格、在校学习情况以及毕业资格的考核与管理,由于它涉及学生的在校学习资格、学历变迁以及学习水平,所以有很强的政策性与原则性,校、系两级教学管理部门都要具有专人负责这项工作,由于学籍状况与学校招生、分配及学位授予单位管理部门有着密切的关系,因此还要注意做好协调工作与文档工作。

教务处对学生学籍的管理,首先是确定规范及相关制度,其次是关于学生学习状况及学习成绩、学分的管理,尤其是成绩的考核与记载必须严格认真,因为这直接关系到学生的升级与留级、降级,能否毕业。为此要做好成绩卡与学籍卡,内容填写必须完整,准确,规范,及时。特别是原始记录要认真保存,如几种记载内容相互矛盾,以原始记录为准。学籍档案内容一经确定绝对不可任意改动,若确实有误,须经法定程序批准才可改动。

五、教学档案管理

教学档案是学校档案的重要组成部分。教学档案管理的重心在教务部门和系、部教学管理单位。教学档案是学校教学工作积累的标志和宝贵财富,是对教学过程与成绩的记载和反映,它对不断总结教学管理经验,提高教学质量有着重要的意义。学校应建立包括教学档案在内的档案专门保管机构,在校学生的教学档案及常用的教学档案可由职能部门(如教务处、学生处)保管。已毕业学生的教学档案及不常用的教学档案应转交专门档案管理机构(校档案室等)保管,具有密级的档案应按保密制度要求保管。要健全教学档案管理制度,包括如何保管和使用这些档案。

教学档案一般应包括下列内容:教学文件(如规章制度、工作计划、实习计划、决定、通知、教学计划、教学大纲、教学日历、考试试题及学生答题试卷、学生注册名单、学生成绩卡、学籍卡等),教务档案(如课程表、考试表、教学日志等),教师业务档案(教学日历、改革试点方案、教学研究改革立项及成果鉴定、教学工作总结、专家与学生评价等),学生学习档案。档案不仅限于文字材料,也要收集音像、图片、表格等形式的档案。除学校外,院、系、部、教研室等不同级别的教学管理机构也应对自己的教学档案严格管理。教学档案要及时归类、编号、存档,至少每年进行一次整理,不同的教学档案保存期是不同的。

第五节　资源管理

高等学校的教学资源有狭义教学资源和广义教学资源之分,狭义教学资源一般是指学校校舍、设施等硬件教学资源;而广义教学资源则是指学校校舍、场地、仪器设备、师资队伍、管理队伍、学校声誉、学校特色等包括硬件环境和软件环境在内的所有的资源。但最主要的还是师资队伍和校舍设施等资源。

一、师资管理

做好教师工作管理的目的在于调动教师从事教学工作的积极性。基础性工作是科学地核定教师的教学工作量,要注意到不同专业(如理工科、农林医科、文史财经、政法科、艺术体育科等)、不同课程(如基础课与专业课、必修课与选修课、理论课与实践课等)、教学与教辅工作之间的差别。对教师的工作量完成情况必须进行检查与考核。这个"量"既包括数量也包括质量。考核不能仅仅看教学工作完成的数量,更要看教学工作完成的质量,尤其是在教书中是否注意育人,还要看参与教学改革、教学研究和其他教学工作(如辅导、答疑、指导论文、批阅作业、批阅试卷等)的积极性如何。对不能胜任本职工作的教师要积极地给予帮助,对确因水平低并且难以提高的人员,应调离教师队伍;对缺乏师德并无改进之意的教师,要坚决予以调离。在教师队伍中必须建立起竞争机制,实行优胜劣汰。

二、教学资源统筹管理

如前所述,教学资源包括的内容是多方面的,学校(尤其是名牌学校)的牌子本身就是一种无形的资源,师资队伍也是一种重要的资源。做好教学资源管理的宗旨在于充分利用各种教学资源。要搞好教室、实验室、场馆等教学设施的合理配置和规划建设,充分加以利用,保证教学需要,提高资源效益。注意根据需要与可能,改进教室的功能,建设必要的多功能教室。

教学管理可从以下几个方面着手:第一,争取学校的上级主管部门和学校本身对教学给予充足的投入,尽可能加强基本建设(注意合理规划),增添教学场地与设备;第二,妥善保管,精心爱护使用这些场地与设备,关键在于完善制度并严格遵守;第三,合理地使用这些场地与设备,关键在于调节有方;第四,注意对教学资源的优化配置,学校内部的系与系之间,各部门之间,可以实行资源共享,两所或多所学校之间也可以实行互通有无,资源共享。

第八章　教学质量管理

第一节　教学质量管理概述

一、教学质量管理的基本概念

实行教学质量管理,首先要明确以下几个基本概念。

(一)质量和教学质量

质量就是产品或工作的优劣程度,即对产品或有关的各项工作,以某一特定标准通过衡量得知的符合程度。质量,可以分为产品质量和工作质量,而产品的质量取决于工作的质量。

什么是教学质量呢? 一般来说,教学质量有狭义和广义之分。狭义的教学质量,指的是课堂教学的优劣程度。如一位数学教师,在教学过程中,按照教学大纲和教科书的要求进行教学,完成一定教学任务所取得的成绩,即教学优劣程度的一种反映。只要是按照教学大纲和教科书的要求来衡量教学优劣程度的,是按照教育部门的有关规定办事的,考试成绩都可以反映一定的教学质量。人们通常所说的教学质量,多指这种狭义的教学质量。什么叫高质量? 高质量就是为社会发展和经济建设服务得好,要有后劲,要有系统的文化科学知识,很好的自学能力,崇高的思想境界,高尚的道德品质和强健的体质。最后标准是看学生日后在社会上所起的作用,是否成为有理想、有道德、有文化、守纪律的一代新人。因此,分析一个学校的教学质量,不仅要看考试成绩,还要看教职员工和干部的工作质量和学习质量。

我国一般本科院校现行的考试方法,还是沿用传统的考试方法。由教师根据教材出几道题目,参照标准答案,对学生的书面答卷评给一个百分制的分数。传统考试的评分存在严重的主观性、片面性和非公正性早已为教育界的有识之士所诟病。试题内容偏重知识,忽视智能考查,而且考题的知识面窄,难以全面反映学生真实水平一类的问题,现在仍然存在。评分上的主观性、非公正性有时达到了非常荒唐的地步。提高考试工作的客观性和实践性既是当务之急,又是长远大计。

第一,客观性。作为一种测量手段,必须有它的客观标准,这个标准不能随测量者的主观态度而变化,就像一把尺子的长度不能因测量者不同而起变化一样。在测验中要做到这一点是不容易的。从历年各大学对新生进行的摸底测验中可以看出,各省的评分就有差异。标准明确,反复评阅的高考试卷,尚且存在分数波动,一般考试情况就可想而知了。教育界有不少有识之士提出:以客观测量代替主观判断,以科学标准代替经验标准,充分考虑学生创新能力的培养与发展,已是一项非常迫切的改革任务。

第二,实践性。一个测验是否有效和可靠,要以实践结果来检验。一个好的选拔测验,应是得分高的人比得分低的人在以后的工作或学习中表现好。在美国,一个企业在决定是否采取某项测验作为自己企业的招工标准之前,首先要让经此测验合格的人与不合格的人都工作一段时间,如果前者确实比后者的工作成绩好,且提高部分足以抵偿实施测验的费用,该企业才在招工中采用此项测验办法。这种方法,值得我们在研究考试方法时参考。

为什么要看工作质量呢?因为教学质量是学校一切工作质量的集中表现,所以看学生学习质量时,还要看学校的思想政治工作质量,行政管理工作质量,教师备课、上课、辅导和批改的质量,以及图书室、实验室等有关方面的工作质量。为什么要看学校干部和教职员工的学习质量呢?这是因为随着全党工作重点转移,随着科学技术迅速发展,光靠老经验不行了;要开创新局面,就要学习教育科学和管理科学研究的新成果和新经验。在新的历史时期,一所学校的工作质量如何,在很大程度上是由教工(首先是由干部)的学习质量决定的。那么,是否可以到此为止,对一所学校的教学质量做出全面的评价呢?还不行。还应该看其走上生产岗位和工作岗位以后,是否有献身的精神,为社会发展和经济建设作出较大的贡献。应以此来评价一个学校的教学质量,来评价一个学校的管理水平。

(二)管理和教学质量管理

管理的含义目前各个学派说法不一。科学管理学派认为:管理就是效率。他们认为管理就是为了达到同一目标而协调集体所作努力的过程。行为科学管理学派则认为:管理就是对人的管理。他们认为人的各种行为都产生于一定的动机。管理科学学派认为:管理就是决策。他们认为管理就是确定目标和实现目标的措施、办法,在正确决策的前提下,找出最佳方案,提高管理效率。20 世纪 70 年代出现的最新管理理论则认为:管理是一个集体为了实现预定目标,充分组织和使用各种资源的过程。我国一些教育家也有不同的解释。育才中学的名誉校长段力佩认为："管理的实质意味着服务,在学校科学管理的问题上,绝不是你管我,我管你,绝不是领导管理教师,教师管理学生,而应该是通过科学管理,更好地为学校教育事业服务。"马克思在《资本论》中指出:"一切规模较大的直接社会劳动或共同劳动,都或多或少地需要指挥,以协调个人的活动,并执行生产总体的运动——不同于这一总体的独立器官的运动——所产生的各种一般职能。一个单独的提琴手是自己指挥自己,一个乐队就需要一个乐队指挥。"由此可见,只要有许多人在一起共同协作劳动,就必须对劳动过程进行组织和指挥,以协调各个劳动者的活动,按计划达到预期的要求。这种对劳动的组织、指挥、协调的工作便是管理。

什么是教学质量管理呢?

教学质量管理就是把形成教学质量的全过程和各环节管理起来,把有关人员组织起来,把影响教学质量的各种因素控制起来,以保证在形成教学质量的过程中不出差错,或少出差错,并且逐步提高教和学的质量。所以说,实行教学质量管理是提高教学质量的一项重要保证。

教学质量不是考出来的,而是教出来的,学出来的。例如,在学生参加学期考试时,这个学期的教学质量就已经形成了,发现问题也只能作为前车之鉴,弥补一点损失。教学过程的规律和青少年身心发展的规律告诉我们,如果平时放松了对教学工作的领导,放松了对教学质量形成过程中的科学管理而"亡羊补牢"。教学质量的形成不同于产品质量的形成,考试也不同于产品的事后检验。现在,考试还要进行。但工作质量决定产品质量的原理,对生产、对教学,则是同样适用的。所以,教学质量管理的重点,应当放在平时形成教学质量的全过程和各环节上,而不应当放在考试上。

二、教学质量管理的主要内容及其分类

(一) 内容

进行宣传教育,做好思想工作,充分发挥全校教职员工的聪明才智,提高他们的质量意识,做到人人关心,个个参加,积极主动,认真负责。

(1)建立和健全教学质量管理体系,把形成教学质量的所有人员,都组织到教学质量管理体系中来,各就各位,各尽所能,各司其事,各负其责,使上下左右信息渠道畅通。

(2)对形成教学质量的情况要心中有数,要用数据说话,不能停留在用生动的和突出的事例来说明问题的水平上。

(3)及时发现、总结、交流、推广先进经验,以发扬先进,带动一般,督促后进。

(4)在形成教学质量的过程中,会发生各种各样的矛盾,协调各方面的关系,解决教

学质量管理工作中的各种矛盾。

(二)分类

以上四项内容是比较复杂的,往往难以全面掌握,指挥若定。根据教学质量管理的业务范围,再做如下分类。

1.预防性质量管理

从实践中发现经验,及时总结推广,发现问题,及时研究解决。这样管理可以防患于未然,也可以避免在升级或升学考试前再去"亡羊补牢"。由于实行预防性质量管理,即使从教学过程中发现一些缺点错误,也能及时研究解决。这样,就可以防止和减少教学中的倾向性问题发生。所以说,预防性质量管理是稳步提高教学质量的一种可靠的保证。

2.鉴定性质量管理

因为这是到了一定阶段所进行的质量检查和质量分析,所以又叫阶段性质量管理。比如,新生入学,有的学校进行摸底测验或编班测验,及时了解学生在上一个学段完成学习任务的情况,并及时进行补缺补漏,就属于这一种管理。每个学年对学生德智体的发展情况进行全面的分析评定,做出相应的决定,并且总结这方面的经验教训,也属于这一种管理。对毕业班学生德智体的发展情况进行质量检查和质量分析,总结经验教训,也属于这一种管理。

3.实验性质量管理

在教学质量管理过程中许多工作都要经过科学研究和科学实验。证明是切实可行、行之有效的,才能逐步推广。这样,不仅能够提高自觉性,减少盲目性,学会按照客观规律办事,以免挫伤师生员工的积极性。

三、教学质量管理的三个观点

(一)全面完成双重任务的观点

教育要面向现代化、面向世界、面向未来,为21世纪初叶我国经济和社会的发展,大规模地准备新的能够坚持社会主义方向的各级各类人才。是实行教学质量管理的根本任务。我国60年的实践充分地证明,如果一个学校(院)领导干部没有牢固树立全面完成双重任务的观点,一遇风浪就会左右摇摆,就会偏离党的教育方针,也就不能完成这项根本任务。目前有些学校忽视为工业、农业、商业等各行各业培养有文化、懂技术、业务熟练的劳动者,这是一种偏离党的教育方针、脱离现代化建设需要的表现。普通教育的双重任务不能偏废,必须把培养有文化、懂技术、业务熟练的劳动者,放在应有的重要地位。社会主义建设对人才的需要是多层次的,不仅需要大量的高级专门人才,而且需要更多的中级、初级人才。提高所有工人、农民和全体劳动者的素质,改变目前中级、初级人才严重缺乏和劳动大军素质不适应现代化要求的状况,是一项十分重要的任务。我们应当从这样的高度来认识普通教育的地位和作用。领导教学一定要坚持德智体全面发展,全面提高教学质量。目前要重视加强基础,发展智力,培养能力,提高素质,增强体质,改变过去课堂教学单纯传授知识的偏向。

(二)预防为主的观点

众所周知教学质量不是考出来的,而是教出来的,学出来的。学校(院)领导要把教学质量管理的重点,从事后检验转移到事先预防上来。校长是否能掌握教学质量管理的重点,取决于三个方面:一是学校干部、教师和有关管理人员是否有为社会发展和经济建设献身的精神和实事求是的科学态度;二是他们是否具有相应的专业知识和专业能力;三是他们的工作质量是否达到质量标准。一所学校教学质量的高低,基本上取决于以上三个方面的质量高低。如果学生都是择优录取的,设备也是比较好的,这三方面的质量就是决定的因素。

(三)树立用数据说话的观点

为了正确地开展教学质量管理,就需要把说明质量水平的各种事实数据化。这样,才有可能用统计学的方法来判断质量优劣,分析其原因,找出主要矛盾,以便采取切实可行的措施。由于影响教学质量的因素很多,所以在综合整理数据的过程中,要去粗取精、去伪存真,才能如实反映教学质量。

四、教学质量管理的四条原则

(一)坚持思想政治工作领先

学校(院)领导是师生员工的带路人。一所学校能否按照党中央和国务院指引的方向前进,把学校建设成为社会主义精神文明基地,要看学校(院)领导能否做好思想政治工作,能否对于来自校内外不良影响采取有力措施加以防止和抵制。近些年来在教育质量管理过程中,出现了忽视学生德智体全面发展的倾向。重视知识传授,忽视发展能力的倾向。在一些学校还表现得比较严重,是否能够及时克服,也要看学校(院)领导能否做好思想工作。

有些学校(院)领导口头上也讲思想政治工作领先,实际上却是物质刺激领先。这些学校的思想工作软弱涣散,管理混乱已经导致了教学质量长期上不去的严重后果。

在实行教学质量管理的过程中,只有加强思想政治工作,才能保证坚持四项基本原则,才能保证党的路线、方针、政策贯彻到底,才能充分调动一切积极因素,从而保证全面完成党和国家交给学校的任务。由于教学质量管理工作是由人来做的,而且管理的主要对象是人。人的行动又是受思想支配的,这就决定了思想政治工作的领先地位。思想政治工作领先,一方面是为了把党的政策变为群众的自觉行动;另一方面是为了用先进的思想教育群众,带动广大群众沿着社会主义道路不断前进。

在教学质量管理工作中,应该明确思想政治工作的地位和作用,应该明确在新的历史时期加强思想政治工作的重要性,也应该明确,在学校里,思想政治工作不能离开以教学为中心的轨道而孤立地进行。这是因为,我们党的思想政治工作,首先是为了坚定、鼓励和激发人们改造客观世界的信念、热情、毅力和斗志。如果思想政治工作停留在只讲认识世界,不讲改造世界,不动员群众去实践这个改造,那么,它就是只讲空话了。因此,思想工作还要结合业务工作进行,结合日常管理活动进行。

(二) 坚持教学为主

学校以教学为主,这是由学校本身的性质、任务决定的。教学是学校的根本任务,就像生产是工厂的根本任务一样,否则学校就不称其为学校了。学校的这种性质任务决定了教学工作是学校工作的中心,以教学为主和把坚定正确的政治方向放在第一位是辩证统一、相辅相成的,长期的教育实践证明:学校把坚定正确的政治方向放在第一位,不仅不排斥学习科学文化,相反,政治觉悟越高,为革命学习科学文化就应该越自觉、越刻苦。

(三) 坚持实事求是

什么是"实事求是"? 毛泽东同志早在《改造我们的学习》一文中明确地指出:"实事就是客观存在着的一切事物,'是' 就是客观事物的内部联系,即规律性,'求' 就是我们去研究。"他还指出:"我们要从国内外、省内外、县内外、区内外的实际情况出发,从其中引出其固有的而不是臆造的规律性,即找出周围事物的内部联系,作为我们行动的向导。"这是做好工作必须遵循的一条重要原则,也是学校实行科学管理的一条重要原则。实行全面教学质量管理,对不少学校(院)领导来说,还是不很熟悉的。不熟悉,就要努力学习、刻苦钻研、认真探索,从而逐步熟悉起来。在这个过程中,新情况、新问题不断出现,甚至会遇到挫折和失败,这都不足为怪。目前值得重视的一个问题是,在学校管理工作中,存在着"重经验,轻理论"的问题,因而妨碍着广泛深入地开展科学研究和科学实验。这个问题解决了，学习科学理论指导学校管理实践的自觉性就会提高，工作中的盲目性就会减少。理论同实践相结合，就能从实际出发，"找出周围事物的内部联系，作为我们行动的向导"。

（四）坚持民主集中制

民主集中制是马列主义政党、社会主义国家和人民团体的根本组织原则。党领导的社会主义学校，也必须坚持这一条原则。许多学校之所以能够形成生动活泼的政治局面，充分发挥师生员工的聪明才智，把学校办好、管好，一个重要原因，就在于坚持了民主集中制。"建设高度的社会主义民主，是我们的根本目标和根本任务之一。""社会主义民主要扩展到政治生活、经济生活、文化生活和社会生活的各个方面，发展各个企业、事业单位的民主管理，发展基层社会生活的群众自治。"这是党的十二大明确提出的要求。我们要坚定不移地为实现这个要求而努力奋斗。许多学校师生员工心情舒畅、干劲倍增，就是发扬社会主义民主出现的新局面。但是，不能只要民主，不要集中，只要自由，不要纪律，否则，连正常的教学秩序都无法保证，还谈什么教学质量管理呢？如果不坚持民主集中制，即在民主基础上的集中和集中指导下的民主相结合的制度，那怎么可能实现教学质量管理的要求呢？用这个观点看问题，学校行政干部实行教学质量管理，目前应当强调以下几点：

（1）要坚持个人服从组织，少数服从多数，下级服从上级，全党服从中央的原则。全党服从中央是维护党的集中统一的首要条件，是贯彻执行党的路线、方针、政策的根本保证，也是在政治上、思想上同党中央保持一致的重要条件。

（2）集体领导必须和个人负责相结合。要明确地规定每个领导成员所负的具体责任，做到事事有人管，人人有专责，实行质量责任制。

（3）要坚持领导与群众相结合。学校（院）领导要继承和发扬党的优良传统和作风，与群众同甘共苦，保持最密切的联系，不能脱离群众，凌驾于群众之上。在新的历史时期，新情况、新问题不断出现，不论决策与计划，组织与实施，还是检查与指导，总结与改进，都要从群众中来，到群众中去。

五、全面管理与片面管理的区别

实行教学质量管理，学校多起来了，但是效果不同。有些学校大幅度、大面积地提高了教学质量；有些学校加班加点，加重师生负担，却没有什么起色。把考试和统计考试成绩当成教学质量管理主要手段的学校，现在仍不少。原因固然是多种多样的，但着眼点不同则是主要的。

教学质量管理应该从何着眼呢？国内外的先进经验都告诉我们，应该从全面的教学质量管理着眼。不仅要把影响教学质量的各种因素控制起来，而且要把质量预测、质量检查、质量统计、质量分析、质量服务等方面的人员，组织到教学质量管理系统中来，职责分明，按照提高教学质量的计划，有节奏地进行工作。实行全面教学质量管理，还要把班主任和学生课代表组织到学习质量管理系统中来，能经常获得指挥效果的反馈信息，使上下左右渠道畅通，都能按照质量标准努力完成任务。

着眼点明确了，再从全面教学质量管理与片面教学质量管理的区别上多加注意，就可避免由于片面性带来的损失。那么，这两者之间有哪些区别呢？

（1）全面教学质量管理是管教学的全过程和各环节，管学生的身心健康发展；片面的教学质量管理，则把教学过程仅仅当成传授知识的过程，只管掌握知识多少，分数高低，不管其他。为什么一定要管教学的全过程呢？这是因为教育目的和培养目标是通过教学过程来实现的。从本质上来看，教学过程是教师根据一定的教育目的和要求引导学生逐步认识客观世界的过程，是教师把人类已知的科学真理创造条件转化为学生的真知，同时引导学生把知识转化为能力、信念和行为习惯的过程，也是使学生身心得到全面培养和发展的过程因此，在教学过程中是否重视学生德、智、体诸方面都得到发展，关系学生的一生，是关系社会主义学校的目的任务问题，是关系我们国家和民族前途的大事。所以，必须管教学的全过程。这就是两种教学质量管理的本质区别。

（2）教学过程是由教师、学生、教学内容和教学手段构成的。这四个方面是互相联系、互相制约、互相促进的，缺少任何一方面都不能构成教学过程。所以全面教学质量管理就要构成教学过程的各个方面。片面教学质量管理往往只强调一个方面而忽视其他方面。

（3）片面教学质量管理，只把统计考试成绩的教务人员当成质量管理人员，而且管理与教学都是孤立地进行。全面教学质量管理，则要把全校教职员工组织起来，建立一整套教学质量管理体系。两者的区别就很明显了。

注意这两种管理的区别，对于辨别管理工作和教育思想中的是非都是很有好处的。

由此可见，从简单孤立地统计考试成绩，发展到全面的教学质量管理，不仅是概念上的更替，而且必然会带来各方面关系的变化和组织上的变革。因此可以说，实行全面的教学质量管理，是一场管理思想、管理组织和管理体制上的改革。对不少学校来说，如不经过这场改革，是难以尽快适应现代化建设需要的。

第二节　全面教学质量观的形成

一、全面提高质量意识

高等学校的根本任务是培养人才,坚持以教学工作为中心、提高教育质量是高等学校永恒的主题。高等学校必须树立以质量求生存、求发展的人才质量竞争意识。

在信息时代,以质量求生存,以质量求发展,已成为众多国内外有识之士的共识。1978 年诺贝尔物理奖获得者阿诺·彭齐并博士说:"在信息时代,由于生产力的不断提高和物质产品的丰富多彩,质量取代数量成为价值的决定因素。从数量向质量的转移,标志着一个旧时代的结束和另一个新时代的开始。"江泽民同志强调,教育要全面提高办学的质量和效益。进入 21 世纪,中国加入 WTO,经济全球化、教育国际化的趋势日益明显。在激烈的国际竞争中,国力的竞争最终体现在人才的竞争上。谁拥有大批高质量的人才资源,谁就能在竞争中获胜。国家间的竞争如此,高校间的竞争更是如此。中国开始了全面建设小康社会,高等教育迅猛发展,由过去的"精英"教育向大众教育推进。大学的"门槛"不再那么高,老百姓在国内以及世界范围内有了更多的接收高等教育的选择权。一所高校没有教学的高质量,必然面临生存的危机。这绝不是危言耸听。"教学质量是高等学校的生命线",此话千真万确。

二、研究高校教学质量管理的现状,深刻认识其重要性和紧迫性

我国有一千多所普通高等学校,各高校的办学规模、办学历史、经历、办学质量以及管理水平都存在较大差异,教学质量管理水平和状态也相应地存在差异,分别处于不同发展阶段。根据不完全调查分析,大致可以分为四个发展阶段。

1.高校教学质量管理,基本上处于日常教学质量管理状态。主要开展一般性期中教学检查,平时组织听课,听取学生对教师讲课的反映,征求他们的意见和建议,组织期末考试和考查等教学质量管理环节。没有开展系统科学的教学质量评价(评估)工作。

2.高校教学质量管理,以日常教学质量管理为主,同时,接受上级主管部门对学校教学质量进行的各种教学评价工作。但是,日常教学质量管理与教育评价工作相脱节,不同程度地存在"两张皮"现象,实行"双轨"运行的管理。

3.高校教学质量管理,转变教学管理功能,把教学评价作为教学管理的重要手段。坚持日常教学质量管理与教学质量评价的有机结合,变"双轨"运行为单轨运行管理。

4.高校教学质量管理,从教学质量管理系统化、规范化、科学化的高度,探索建立高等

学校教学质量监控系统和教学质量保障体系。目标管理和过程管理相结合,实行全面的教学质量管理。

目前,我国的高校教学质量管理还远没有达到"系统化、规范化、科学化"的水平,有效的教学质量监控和保障系统还没有建立,仍处于研究探索阶段。根据我国高等教育现状与面临的严峻挑战,提高教育质量要有紧迫感、责任感、危机感。提高人才培养质量应是 21 世纪我国高等教育战略中的重中之重,难中之难,急中之急。

21 世纪,高等教育面临发展机遇和严峻挑战,国际经济竞争更为激烈,这种竞争的核心是人才素质与质量的竞争。因此,各国高等教育之间的国际竞争更加激烈,谁想在激烈的世界经济竞争中获得成功,谁就必须占领人才培养的制高点,培养出高素质、高水平的各类专门人才。为此,我们必须更新教育观念,树立正确的质量观。在教学的全局性工作中,要加强质量意识,视教育质量为生命,更新质量观念,用新的人才观念指导教学工作,制订教育教学质量标准,改革教学质量管理,探索建立教学质量保障体系,保证和提高教学质量。

三、以提高教学质量为重点,实施全面质量管理

培养适应经济社会发展需要的高质量人才,提供使学生、家长、社会满意的教学质量保证,是高校追求的目标。根据全面质量管理的基本思想,高校全面质量管理的实施,必须在管理体制、管理人员、管理策略、学校办学理念等方面下功夫。

(1)在学校内部管理体制上,为了培养高素质、复合型人才,成立文理学院是一种值得尝试的体制。文理学院集人文科学、社会科学、自然科学等基础教育为一体,对培养学生的综合素质起着极其关键的作用。大学新生入学后,先进入文理学院学习 1~2 年,以培养他们的人文素质和科学素质。这一体制保证了学生在学习能力、技术素质、社会交往能力等方面的全面发展。为此,还要相应调整现时按学生数量分配院(系)教学经费的管理办法,以利于推动这项改革的顺利实施。

(2)在管理方法上,注重调动全体教工及各部门的管理力量,全员参与管理。教学质量管理,不仅仅是教学管理部门和教学管理人员的工作,全校师生员工都责无旁贷。其中,教师和学生的作用非常重要。清华大学老校长梅贻琦先生说:"所谓大学者,非谓有大楼之谓也,有大师之谓也。"大师之重要,在其作用的充分发挥。大师不仅仅是在实验室中发挥作用,事实上,当大师们在接触基础教学时,学生们必将受益匪浅,并可能因此而受到对其一生具有关键作用的启示;同时,大师自己在与学生沟通的过程中也会得到一些问题的线索与启发。在教学中,教师的作用就像导演,其主要任务应该是:"总体构思",即把握学术方向,创造学科特色,革新教育方法等;"挑选演员",即注重对学生包括

个性、气质在内的全面素质的评估;"创作指导",引导学生形成一种积极向上的心态,充分发挥学生的个性,进而激发出学生的创造力;"营造氛围",提供条件,让学生感受挑战,同时要允许失败。

为了激发教师提高教学质量的热情,要比照国外的做法,按照教学需要设置岗位,并在全国乃至全世界范围内公开招聘,经过严格考核,择优录用。新教师上岗后的 6 年内,每年都可以参加永久教职岗位竞争,通过考核后获得终身岗位。若 6 年后不能取得终身教职,就将被辞退。这样一种严格的选聘制度可以保证教师总体素质不断提高。

(3)在管理策略上,要不断进行创新。如在高校的管理过程中,尽量听取专家的意见是一条很重要的策略。因为专家是最了解学科及其标准的正确界定的人,具有学科领域的前沿知识。在 20 世纪初的北京大学,校长蔡元培先生曾经组织教授会,力倡"教授执教",其目的就是让懂得学术的人来管理学校,提高学校的管理质量。

对大学办学资质和水平进行社会评估及对教师进行的考评,也是提高高校管理质量的策略。由独立的、权威的教育评估机构以科学的方法对高校进行评价,对高校的定位起着重要的指导作用。高校可以根据评估结果实行自我约束,合理定位,自主设置具有特色的学科专业,以适应多规格人才市场的需要。对教师的规范考核有助于教师不断提高学术水平、保持学术地位而进行科学研究、指导学生,客观上促进了教学水平的提高。

对学生而言,富有挑战性的学习是最具有吸引力的。高校在设置课程时要注意课堂学时、作业、课程实际训练的分配。一般来说,学生对课堂讲授兴趣不高,只有通过亲自进行研究才会使他们对知识产生更加深刻的认识。在高等工程教育中尤其如此。在美国,一流大学的课堂教学学时较少,但需做大量的作业,并规定通过网络交作业,一旦超过时限,接受作业的信箱就会关闭。在课程设计训练中,学生要分组承担设计任务,通过查阅治疗、小组讨论、分工协作完成任务。在这些过程中,如被发现有作弊现象,将得到不良记录,这会影响学生成绩、升学乃至就业。这样的要求不仅有助于学生学习能力的提高,也有利于形成良好的学风。

(4)在办学理念上,提出明确的办学目标和办学指导思想,促进教学管理水平的提高。蔡元培先生在任北京大学校长期间,明确大学办学宗旨:"大学者,研究高深学问者也。"在学术上,他主张"兼容并包""思想自由";南开大学创始人张伯苓先生则明确提出"文以治国、理以强国、商以富国"的办学理念;清华大学坚持梅贻琦先生倡导的"自强不息,厚德载物"的校训。这些观念形成了各自鲜明的办学理念,成为一个学校全体师生共同的价值追求,培养了一大批时代的精英;同时,也促使学校在师资队伍、管理服务、条件建设、人才培养等方面不断改进,教学质量和教学管理水平全面攀升。

四、树立全面的教学质量观,培养高素质优秀人才

(1)德、智、体全面发展的观点。高等学校必须全面贯彻德、智、体全面发展的教育方针,培养合格的社会主义事业建设者和接班人,这是衡量教育教学质量的重要标难。树立"全人"教育观念,教育学生学会学习,学会做人,学会做事,学会生存;树立个性化教育观点,在坚持全面发展的同时,应当承认学生的个性、发展学生特长,重视培养学生的特殊才能和创造能力。为此,一方面要继承们优良的办学传统,总结好的办学经验;另一方面,要广泛吸收世界先进的办学理念和教学管理制度。比如"学分制教学制度",在发展学生个性,培养学生创造能力,提高学生综合素质等方面,具有非常明显的优势,值得我们大力借鉴。要结合我国高校的现实情况,大力推进教育创新,包括教学管理制度创新,以培养出更多符合时代需要的德智体全面发展的高级专门人才。

(2)知识、能力、素质并重的观点。随着高等教育事业的发展,终身学习型社会的建立,以及科学技术发展日新月异的新形势,人们对高等教育的认识和需求发生了深刻的变化。高等教育已不仅仅是传统意义上的专业教育,或者说"职业教育"(职业训练)。"专业"的概念在逐渐淡化,本科教育作为高等教育中的"基础教育"作用越来越突出。为终身学习及高层次的研究生教育"夯实基础"是本科教育阶段的主要任务。强调在高等教育中加强素质教育正是针对当今高等教育中"过弱的人文社会科学教育,过窄的专业教育,过重的功利导向"提出的一种教育观念。要正确理解和处理知识、能力和素质的关系。素质是个体内的基本品质。素质既有先天遗传因素,也包含后天在一定环境下的习惯性因素。素质不等于知识,也不等于能力,它是获取知识和能力的内在力量。素质和知识、能力之间有高度相关性,人的素质越高,获取知识和能力的效率也就越高。另一方面,人在获取知识和能力的过程中,又不断改善和提高其自身的素质。坚持知识、能力、素质并重,而且以提高学生的综合素质为重点的"素质教育",应是高等学校教学质量管理的基本出发点之一。

(3)智力因素和非智力因素协调发展的观点。一个人要取得事业的成功,智力因素特别关键。但是,非智力因素往往起着决定性的作用,因为非智力因素对创造过程起着始动、定向、引导、维持、强化、调节等重要作用。如何将学生非智力因素纳入人才培养的方方面面,一直是备受关注的课题。高等学校要努力开展多种教育活动,营造良好的校园文化氛围和育人的环境,在培养和发展学生的智力因素的同时,大力培养和发展学生的动机、兴趣、情感、意志、毅力等非智力因素;要努力改变长期以来占主导地位的应试教育模式,将学生从习惯性盲从、缺乏创造性人格特征的束缚中解救出来,积极探索以自主选择专业、自主安排学习时间为主线的学分制管理模式,增强学生的自我评价意识和能

力训练,培养他们的独立性,为学生个性发展创造机会和条件,使智力因素与非智力因素协调发展。

第三节　日常教学质量全过程管理

教学质量管理的工作模式是日常教学质量管理与周期性教学质量评价相结合。日常教学管理必须遵循"严、细、实"的工作作风和自始至终实施全过程管理的工作理念。所谓"严",就是在教学管理过程中要严谨、严格、严密;"细",就是要细致、认真,做过细的工作;"实",就是要扎实,深入实际,切实有效。只有在日常教学管理的全过程中坚持"严、细、实",才能使教学质量管理落到实处。

一、日常教学质量管理的目标

为了实施教学计划,有效地组织教学活动,从而达到预定的教学目标,日常教学质量管理是非常重要的。

本科教学日常教学质量管理的目标,就是通过各级教学行政领导、教学职能部门和各类教学管理人员的教学管理活动,保证教学过程的实施,监督和控制教学质量,并引导教学人员开展教学研究、教学建设和教学改革,努力提高教学质量和教学水平。

在日常教学管理中,教学管理人员的职能可以概括为"参谋、管理、督导、服务"四方面。

参谋。通过教学检查和教学研究,为领导和上级教学管理部门提供教学情况,提出改革和改进教学工作的意见和方案,为各类教学人员提供教学咨询。

管理。组织教学计划、教学大纲等教学文件和教学管理规章制度的制订与执行,合理配置学校教学资源,组织课程教学和各教学环节管理的实施,做好学生的学籍管理等。

督导。开展旨在引导和控制教育教学质量的各类教学评估、评比和检查。

服务。为教师、学生和其他教学人员提供教学后勤保障和服务。例如教材、实验设备、课表、教室、选课指导等。

二、日常教学质量管理的基本内容

(1)新生入学质量。把好新生的入学质量关,是教学质量管理的第一步。根据学校定位和培养目标以及社会需求制订招生计划。考虑学生来源,群体素质和结构,学生特长,坚持录取标准,保证新生的入学质量,为提高教学质量奠定基础。另外,为了做好招生、就业工作,管理职能部门和教学部门要组织开展招生和就业的宣传,制订相应的工作程序和措施,探索招生和就业制度改革的新路子。

(2)培养计划质量。教学计划的制订是高校人才培养的顶尖设计,是办学理念、教学管理思想和人才培养思路的具体体现。要适应经济社会发展需要和科学技术进步,根据学校定位和培养目标,制订或修订教学计划(培养计划)。同时,要广泛吸收先进的教学理念,在教学实践中不断更新和完善教学计划,坚持知识、能力、素质协调发展的原则,优化学生的知识与能力结构,全面提高学生的综合素质。在学制年限内,教学计划不适应的状况是客观存在的,但是,教学计划中课程、教学环节、学时、学分的任何变动,都关系到人才培养目标和规格的调整。因此,在教学计划的执行过程中,允许予以调整,但必须经过一定的审议批准程序,否则,就会引起教学管理的混乱,直接影响教育质量,学分制教学模式下的管理更是如此。

(3)教学条件保证质量。良好的教学条件是教学质量管理的基础。在大力提倡创新教育、素质教育的新形势下,越来越注重学生自主学习能力、实践动手能力、创新能力的培养,没有比较充足的教学经费和良好的教学实验条件做保障,教学质量的提高便成了空中楼阁。教室、实验室、实习基地、教学经费、实验设备、电化教学及现代化教学手段、图书馆及操场体育设施等基本条件,以及多媒体校园网、图书信息资源网等公共服务体系建设,必须保证教学和管理工作的需要。

(4)教师队伍质量。教师是教学过程的主导,加强教师队伍建设,是提高教学水平、保证教学质量、推进教学改革的重要措施。为此,学校要加大教师的培训、进修力度,积极引进高水平、高层次的教师,保持合理的师生比例和教师队伍结构,提高教师的学术水平和教学水平,为教学质量的提高提供师资保障。

(5)教学管理质量。提高教学管理质量,必须要制订科学的管理制度,"依法治教、依法治学",靠制度督促人、激励人。教学管理人员要努力学习高等教育学、管理学、心理学方面的新知识,深入研究教学管理中的新情况、新问题,掌握教学管理的规律,推进教学管理的改革与创新,建立完整、科学的教学管理系统,增加教学管理的有效性。

(6)教学大纲质量。保证课堂教学质量,首先要制订一个高质量的教学大纲。教学大纲要符合教学计划(培养计划)总体设计对本门课程设置的基本要求,但也不能作教条性的繁文缛节的僵化规定,以免影响教师教学活动中创造性的发挥和因材施教。教师应认真研究、严格执行教学大纲,在教学过程中不仅要突出本课程的知识要点和重点,而且要注意补充教材之外该门课程相关学科的新进展及前沿动态,结合传授本学科的研究方法与实践应用知识。既不脱离教学大纲,又不为教学大纲所束缚。

(7)教学过程质量。教学过程也就是人才培养的过程,教学过程质量决定了人才培养的质量。教学过程管理的主要任务是,建立正常的教学秩序,保证教学工作的正常进行,确保一定的教学质量。教学过程的日常组织管理内容一般指教学组织和教学管理两个方面。

教学组织的基本过程是指,教学管理部门将教学计划规定的授课课程和教学环节的安排,依据当年的校历,以学年或学期为单位,通过全校的协调与平衡,予以确定,以教学任务通知书的形式下达到转学单位;授课单位接到教学任务通知书后,积极聘任和安排任课教师;教务处与各院系协同编制课程表、配置教室,向任课教师和学生班级发出课程表和教学工作通知。其中要特别注意两点:一是要配备好教师,既要注意由教学水平高、教学经验丰富的教师担任主要的教学工作,同时又要注意让青年教师在教学工作实践中得到锻炼;二是教学任务的安排和课程表的编制要符合教学规律,体现科学性。

具体的教学过程,主要包括课堂讲授,实验课、习题、讨论课、实习课、课程设计(学年论文)和毕业设计(论文),以及课外作业、辅导答疑和第二课堂教学环节。为保证人才培养质量,必须加强各教学环节的管理,使学生得到系统完整的训练。

(8)课程考核质量。课程考核是教学中的一个必要环节,用于检验教师的教学水平和学生的学习质量。根据教学大纲要求,组织好平时考查与期末考核。为了提高考核质量,要加强题库建设,实行教考分离;考核方式要灵活多样,考核内容要科学合理;同时,还要注重考核结果的分析,用以改进教学效果。

(9)学籍管理质量。学籍管理是教学管理的一个重要方面。严格的学籍管理制度,科学的学籍管理方法,有利于促进学生的学习和快速成才,对学生综合素质的培养、创新能力的提高也会起到积极引导作用。高等学校要结合学分制的实施,积极探索学籍管理方法和制度建设,提高学籍管理质量。

除上述几方面外,与日常教学质量管理密切相关的还有以下几点。

教育思想管理:教育教学过程是按一定的教育思想组织的。在教学组织管理中,常常发生多种教育思想、教育理念的矛盾和冲突。例如,教学与科研、教育大众化与精英化、学分制与学年制、通才(识)教育与专才教育、应试教育与因材施教、素质教育与创新教育等,都有不同的认识。教育教学过程教育思想管理的任务,就是要经常地组织教育思想的研究和讨论,以取得共识。以正确的思想为指导,不断进行教育教学改革,使教育主动适应社会、经济和科技发展的需要,提高教育水平和人才培养质量。同时,鼓励不同教育思想的讨论,活跃教育学术气氛,探索建立具有中国特色的高等教育模式。

教学建设管理:教学建设包括教风学风建设、课程建设、教材建设、实验室与实践教学基地建设等,是教学过程管理的重要内容。

深化教育教学改革:随着教育事业的发展和科技进步,教学工作需要不断进行改革,适应经济建设和社会发展对人才培养的要求。教育教学改革的目的,就是要经常研究教育的基本规律,掌握科技发展和社会进步的动向,把握对人才培养提出的新情况、新要求,不失时机地开展教学改革,促进教育教学质量的提高,使人才培养最大程度地满足经济、社会、科技发展的需要。教育教学改革的内容,一般涉及体制改革、制度改革、过程改革等。体制改革,即不断探索高校的办学模式,更好地与社会主义市场经济体制接轨。例如,按照国际惯例建立中外合作办学体制,校企联合、产学研结合等。制度改革是指教学制度和教学管理制度方面的改革,近几年来探索试行的学分制、选修制、导师制、本科生参与科学研究制度等,都属于教学制度改革的范畴。过程改革是指教学过程中有关教学计划优化、课程体系、教学内容与方法、实践教学等方面的改革。

三、日常教学质量管理基本方法

日常教学质量管理的基本方法,就是将教学管理活动日常化、制度化,严格管理,常抓不懈。主要有以下几方面:

(1)教学检查制度。①开学前,教学准备检查:包括学生注册、教室、教材、设备等教学条件及教师上课准备。②期中教学检查:包括教学环节检查,重点问题以及学风、教风检查。③期末教学检查:包括期末考试总结,教学工作小结,对教师业务考核。

(2)听课制度。①组织各级领导干部听课。②教师互相听课。③专家(督导员、巡视员)听课等。学校有关部门将听课记录及时汇总分析,向有关方面和教师反馈教学信息。

(3)学生教学信息员制度。在每个班级选择品学兼优、责任心强的学生作为教学信息员,定期向学校教学管理部门及有关院系反映本班级教学工作的情况和对教学工作的意见,及时改进教学。

(4)学生评教制度。一般安排每学期末学生对任课教师进行一次普遍评教活动,对教师的教学水平、教学效果、为人师表、教书育人等方面的情况进行综合评价。教学质量管理部门要将评价表进行汇总,进行科学的统计分析,对评价结果进行分类,提供给校领导、教学单位参考。可以将评价结果谨慎地与教师本人见面,特别对学生评教中认为问题比较严重的老师,学校(院系)要安排同学科(专业)高水平教师专门听课,以帮助其分析原因,寻找差距,限期改进,尽快提高教学水平。

(5)教学督导员(巡视员)制度。组织有丰富教学实践和管理经验的离退休教师、管理干部,平时对教学各环节进行调查了解,包括深入课堂听课、检查教学实践环节等,发现问题,及时反馈给教学管理部门及学校领导。

(6)学风检查制度。对学生学习纪律、完成课堂课后作业、考纪考风及主动学习状况检查,引导学生端正学风,模范遵守校规校纪。

(7)教学信息收集、统计及反馈制度。对影响和评价教学质量有关的信息,教学管理部门应有计划、定期收集和统计。在多媒体校园网已基本普及的高等学校,应专门设立教学及教学管理网页,开辟专门教学信息和教学质量评价栏目,方便学生对任课教师的教学情况进行评价,反映教学管理等方面存在的影响教学的问题,真正使教学质量管理处于动态、持久运转之中,对教师本人将产生督促作用,对教学质量管理和提高教学质量意识将起到明显的促进作用。

(8)毕业生质量社会调查制度。对毕业生在用人单位的表现进行跟踪调查,广泛听取用人单位的意见,并进行总结分析。其主要目的是,检查学校在人才培养中存在的问题,调整教学计划及课程内容体系,完善培养方案,提高人才培养质量,更好地适应社会和用人单位的需要。

第四节　周期性教学质量评价

日常教学质量管理的目标是保证基本教学质量。而要大幅度提高教学质量,必须深入开展周期性教学质量评价,从不同层次、不同侧面对教学质量进行深层次、多角度的"会诊"、评析,以发现影响教学质量的隐性、关键、重大的问题,进而采取针对性的、切实有效的措施,改进和提高教学质量。教学评价是教学管理的重要手段,高校各级管理人员和教师要充分认识教学评价在教学管理中的作用。

一、高等学校教学质量评价的类型

根据教学评价的组织者(主体)来分类,可将我国教学评价区分为学校自行组织的自我评价、教育行政部门组织的评价和社会组织的评价三种类型。

学校自行组织的自我评价,即学校内部的评价。它可以是专业(学科)的综合评价,也可以是单项教学评价或选优评价。其目的是促进学校的内部调节,改进教学工作,推动教学改革,提高教学质量。

教育行政部门组织的评价,包括学校、专业的合格评价,学校、专业以及各单项教学水平的评价、选优评价(估)。按照"以评促建、以评促改、评建结合、重在建设"的原则,促使高校达到确保基本教学质量的目的。

二、周期性教学质量评价的主要内容

1.教学计划(人才培养方案)评价

根据学校办学定位和人才培养目标,参考定期毕业生质量调查反馈信息,进行教学计划评价。随着教育教学改革的不断深化,教学计划更新与评价周期越来越短。

2.学校、院(系)教学工作评价

根据国家教育部教学工作评价方案(包括评优、合格、随机水平评价),制订学校、院(系)教学工作评价方案,进行自我评估。

3.课程质量评价

包括理论课、实验课、各类实习、课程设计(学年论文)、毕业设计(论文)等,学校组织开展课程合格评价和优秀课程质量评价,确定优秀课程有效期及学校开展评优课程相关事宜。

4.教师教学质量评价

包括对教师的教书育人、业务水平、课堂讲授、组织教学、教学效果的全面质量评价,确定教学质量优秀、良好、合格、不合格,确定评价有效期及学校每学年进行评价的相关事宜。

5.学生学习质量评价

对学生的知识、能力水平及综合素质的评价。

6.毕业生质量评价

对毕业生质量进行阶段性调查,并在此基础上进行阶段性整体评价和累积性比较评价。

7.教学成果评选

根据学校实际情况,在一定周期内进行教学成果评选,促进教学改革,提高教学质量。

三、开展教学质量评价的原则和基本方法

1.明确指导思想

贯彻"以评促建,以评促改,评建结合,重在建设"原则,评价本身不是目的,评价的目的是改进教学,提高质量。

2.加强组织领导

校和院(系)成立评价领导小组和评价工作小组,有条件的也可成立评价专设机构(评价办公室或教学质量管理科)。

3.制订适合本校的各类评价方案

制订科学的评价方案是保证评价效果的前提。学校要在国家有关文件精神指导下,借鉴国内外同类学校的经验,结合本校实际情况,科学设计评价指标,完善评价方案,为

完成预定的评价目标服务。

4.组织评价专家组

专家组成员由教授、教学研究学者、教学管理专家、有关企事业单位的代表等组成，有条件的还可以请校外专家参加。

5.制订奖励政策和措施，推动教学质量评价

尤其对教师教学质量评价、优秀课程评价等的优胜者，学校应给予精神及物质上的奖励，并在有关人员职称评聘、职务晋升等方面给予政策上的倾斜。

6.日常教学质量管理与周期性教学评价相结合

教学评价的目的是为了提高教学质量，因此，周期性教学评价要与日常教学质量管理紧密结合起来，将教学评价中总结出来的比较成功的、有效的经验更好地应用于教学，形成制度和传统，使之固化下来；对评价中发现的问题和薄弱环节，应制订切实有力的措施，在日常教学质量管理中加强建设，予以克服。

第五节　高校教学质量保障体系

21世纪七八十年代以来，世界各国高校特别是西方发达国家的一些高校，面对变化着的高等教育内外环境、结合各自学校的实际，努力探索改进和提高教学质量的有效途径，取得良好的效果，创造了不少蜚声世界的教学质量管理经验。当前在国际上广为传播的高校质量保障模式有多种，每一种模式都代表了用特定的策略和手段管理高校教学质量的系统化的思想方法。了解研究国外高校教学质量保障模式，对于促进我国高校教学质量的提高，无疑具有很大的理论和实践意义。

一、国外高校教学质量保障模式

1.教学专业发展模式

它是从提高大学教师从事教学工作能力入手，保障教学质量的模式。主要内容是在高校的管理体制和政策中，做出用于教学工作和教师教学发展的安排。

2.质量保障模式（BS5750/ISO 9000应用模式）

它是借鉴工业管理中特定质量管理标准的要求，在整个学校或针对学校的教学工作，建立标准化的质量管理体系并实施操作的模式。

3.全面质量管理模式（TQM应用模式）

它是应用全面质量管理的理论和方法管理高校教学质量的模式。

4.学生发展评价模式(附加值评估模式)

它是通过对学生在校期间所发生的变化的评价确定学校教育对学生增加的价值,保障高校教育教学活动的效果,满足外部对教学效能核定的需要,促进教学质量不断提高。

5.计划评审模式

它是指高校通过对学校计划、部门或课程实施周期性评价,行自我研究,从而寻求有效提高教学质量的管理模式。

6.项目评价模式

它是一种以项目评价为基础的教学质量保障模式。

二、我国高校教学质量保障模式

20 世纪 90 年代以来,国内一些高等学校,在开展教学评价、总结教学质量管理经验基础上,借鉴国外教学质量管理保障模式成功经验,积极探索建立我国高等学校教学质量保障模式。例如:高等学校教学质量保证体系,它是从教学管理系统化、规范化高度,坚持日常教学质量管理与周期性教学质量评价相结合的工作模式,以影响和反映教学质量的主要因素为保障内容的全面质量管理的保障模式。

1.教学指挥系统

教学指挥系统由教学管理部门的各级领导,包括教学副校长、院(系)教学主任、教务处长及相应职能部门组成。负责统一指挥全校的各项教学工作,做到令行有序,为深化教育教学改革、加强教学管理提供了组织保证。

2.教学评价系统

教学评价系统的内涵是:建立一支校内外专兼职队伍;将教学评价内容及标准作为教学管理目标,分解落实到各职能部门;教学管理与教学评价有机结合起来,明确各机构管什么,评什么;评价结果与奖励政策挂钩,主要与职称评定和晋升、教学津贴、业务进修等挂钩。

3.教学信息反馈系统

教学信息反馈系统由各种信息渠道组成,包括教学巡视员制度、学生信息员制度、学生评教制度、中层干部听课制度。通过上述渠道全方位、全过程检查了解全校的教学状态,掌握学生关心的热点,及时研究教学方面的问题,改进教学工作。

4.教学条件保证系统

保证和提高教学质量,需要改善办学条件,需要掌握人、财、物的各部门的支持。在师资配备上,由人事处、教务处共同考核把关,主管校长审批;在教学经费管理上,保证教学经费逐年增长的前提下,贯彻"谁管事、谁管钱,谁管钱、谁办事,谁办事、谁负责"的原则;在教学用房管理上,由教务处直接掌握调配教学回房、实验室、实习基地、操场等。

同时,还要研究制订提高教学质量的政策和措施。

首先,要加强思想政治教育,提倡奉献精神。坚持教书育人,努力提高教学质量是教师的职责,对为提高教学质量做出贡献的教师,在给予精神奖励的同时,还应给予一定的物质奖励。

其次,全面贯彻按劳分配原则。在发放教学津贴等方面,既要体现多劳多得,又要对于教学质量优秀者予以奖励,体现优劳优酬。

再次,在评定和晋升教师职称时,应制订与教学质量挂钩政策。如凡是晋升教师职称必须接受教师教学质量评价并达良好等级,才有申报资格;对获教学质量优秀的教师应优先予以晋升等。

第六节 美国高校教学质量管理与教学评价

一、教学质量保障机制

分权化和多样化是美国高等教育体制的明显特征。美国高等教育已发展成一个多类型、多层次、竞争性、非中央集权管理的世界上最为庞大的体系。学校拥有相当大的独立性和自主权,不受国家的控制和影响。全国所有的高等院校都完全按自己所选择的方式面向社会的需求办学。一所学校只要有稳定的生源和财源就可以生存下去。各学校的办学目标不尽相同,课程各式各样,教学组织形式十分灵活,软硬件条件以及管理水平也有一定的差别。因此,美国的高等学校在办学特色以及办学质量上差异较大,这就需要有一定的机制来保障教育质量。

为了加强对高校的监督,加强学校、社会、政府之间的协调,保证各高校在一个基本的质量水平上运作,认证作为非政府性的、同行专家评议的手段,150年前就已在美国应运而生。

在长期的实践中,美国高等教育认证的标准、程序及实施办法已经规范化和制度化了。认证的目的有两个:一是确认一所学校或一个专业是否达到所要求的标准;二是帮助薄弱的院校建立自我改进的目标并促进其不断提高。认证类型有两种:一是"全校性"的认证,即对学校整体的评估,主要包括学校的办学目标、物资条件、经费来源、师资队伍、教育质量、学生工作、毕业生就业情况、体育设施、管理水平、办学效益等方面,进行比较系统全面的评估。二是"专业性"的认证,即对一所学校具体某个专业的评估,主要包括本专业的师资队伍、课程设置、实验设备、教学管理、各种教学文件及原始资料（如教学计划,教学大纲,学生的考卷、作业、实验报告、实习报告、毕业论文）等方面的评估。一般来讲,前一次认证是后一次认证的前提,只有获得了学校的认证资格才有资格申请专业认证。

"全校性"的认证由地区性的认证机构来实施,而"专业性"的认证则是由全国性的专业认证机构负责。目前,美国联邦政府教育部认可 6 个地区性质认证机构,如西部地区学校与学院协会、新英格兰地区学校与学院协会等,以及 59 个全国专业性的认证机构。所有这些非政府性的认证机构的经费均来自会员院校,按照学生人数的规模缴纳。这些经费主要用于认证机构委员会的行政开支、雇员工资、认证小组成员到学校考察的各种费用。每个认证机构都建有 2 千名左右的评估人员的资料库,以便每次评估前合理组成认证小组。认证小组成员通常包括大学校长、教育专家、教授、研究机构的学者、有关企事业单位的代表,但不包括教育行政部门的工作人员。认证小组成员都以参加认证工作为自豪,不计报酬地参加。各认证机构都有十分严格、科学、公开、制度化的程序和标准。认证程序对认证人员以及认证院校的权利、义务与责任都进行了明确,并实施回避制度,从而使得美国高等教育的认证工作多年来能够规范、良好地运作。另一方面,对认证机构也有相应的措施以及民间与政府的渠道对其进行监督与协调。民间的协调机构为高等教育认证理事会,政府性行为则体现在联邦政府教育部对认证机构的认可上。

认证工作主要有以下几方面的特点:认证标准由院校与认证机构共同制订;认证程序是院校先完成自评,然后认证小组进校实地考察评估,最后认证机构委员会进行评判;认证活动是一种学校自愿的、非政府性活动;认证活动的周期分别是"全校性"认证为 10 年、"专业性"认证为 5~7 年;认证结果在网上以及通过正式出版物向公众公布。认证机构的评判结果一般有 6 种:一是无条件通过。二是通过认证,但认证机构要求学校提交一份补充报告;三是延期,要求学校就认证机构所提出的一些问题提交补充报告,然后认证小组再次进行实地考察;四是警告,若发现学校所设科目或教学活动背离了既定的标准或政策,则令学校限期采取有关措施改正存在的问题或停止有关活动;五是察看,假如学校在有的方面严重违反了有关标准和政策,或在受到警告后作出的反应还不能满足认证机构要求,学校会被告知要察看一个时期并定期汇报,同时组织特别的考察;六是终止认证资格,如果一所学校不能就认证机构委员会提出的问题进行令人满意的改正,该学校上一次认证所获得的认证资格就会被终止。该学校需要重新进行一次认证,认证通过后才能重新获得之前失去的认证资格。

例如,旧金山州立大学最近一次"全校性"的认证活动是在 2001 年 3 月（上一次在 1991 年）进行的。为了做好这次评估的准备工作,学校用了两年多的时间开展自评工作,对照自上次评估以来学校制订的发展规划认真检查执行情况,肯定成绩,找出不足,抓紧改进。同时,汇集了各学院、各部门的自评总结,形成一个全面的长达 500 页的学校自评报告,客观地向认证小组汇报学校各方面的工作。这次到旧金山州立大学进行评估的专家组专家共 9 人,他们在进校之前已经详细审阅了学校的自评报告,然后进校实地考察 4 天,主要是通过各种座谈会来了解学校方方面面大量的有关情况。每个专家负责一方面的评估,分别召集教师、职工、教师单位(职能部门)负责人以及学生进行座谈,从而对学校在该方面的工作成效基本上了如指掌。同时,通过抽查原始材料,考察各种设施等方式进行评估。专家组在离校前和学校领导、各教学单位(职能部门)负责人以及教授代表开了一个总结会,除了肯定学校的成绩外,更主要的是具体指出所存在的问题。两个月内专家组写出评估报告,提交认证机构委员会。因为认证小组对旧金山州立大学评价较高,认证机构授予该校认证资格,需要指出的是:虽然认证是大学自愿参加的,但几乎所有的院校包括研究型大学都主动要求和申请参加认证。因为获得认证资格能得到良好的声誉,保护学校免受内外部不良压力的影响;有利于吸引学生;有利于公共部门和私立基金会对学校的投资;本校的学分能与其他学校互换。同时,学校认为,认证活动的本身就是一个学校受激励而改进工作和自我完善的过程。

二、学校教学管理制度

美国大学的教学管理十分规范化,具有健全的教学规章制度。比如《教学一览》《教师手册》《学生手册》等文件,对教师在教育工作中的职责与义务、对学生在学习等各方面的纪律与要求,以及学校有关教育教学方面的政策与管理细则都作了十分明确的规定和说明,同时也对学校管理机构和教学资源的有关情况以及学校所开设的本科生课程、研究生课程进行了简明的介绍。在每一个环节上都有章可循,且操作性强。学校一位副校长(兼教务长)主管教学工作,学校的教授评议会是学校教育教学工作的咨询机构和智囊团,有关教学方面的政策及重要决策事宜须经该委员会研究通过。学校设有相应的管理部门,管理、协调教学工作和分配学校教学资源。院、系两级都有分管教学的负责人,并配有教学秘书。学校教学管理的日常工作不是由学校有关职能部门包揽,主要由院、系负责。在系一级,系主任除了负责组织系里的教师经常研究本学科的最新进展、本系的发展方向和教育教学与科研工作的中近期规划,以及如何引进高水平的教师等战略性的工作外,还要负责处理许多教学方面的具体事务,如安排本系教师每学期的教学任务,负责抓好教师教学质量的评价工作,处理教师因故需停课或请人代课的事宜,解决学生投诉教师教学质量差的问题,等等。

硬件设施优良的美国大学,仍十分重视软件建设,注意完善教学过程的指导性文件以规范教学工作。为了不断更新学生的知识结构,各专业的教学计划两至三年要进行一次修订;修订工作通常由系主任组织系课程设置委员会研究拟定,由院课程设置委员会修改并负责制订通识教育(公共课)部分,然后经教授评议会下属的教学计划及课程审批委员会审议,最后由教授委员会审批。每个专业的教学活动严格按照教学计划组织实施。对于各门课程的教学大纲,每位教师都是在第一堂课发给每个学生,这样不仅使学生了解本门课程的学习目的、基本教学内容、进度、教科书及参考资料情况,还清楚任课教师对学生的出勤、作业、考试以及课程论文、演讲等环节的具体要求。既有利于双方的相互配合,也便于学生监督教师教学活动的规范性。这样,就保证了学校教学管理运作有条不紊,一般不会出现影响教学秩序的问题。在教学管理中,学校还十分重视纪律问题,强调要严谨治学。在考试环节上,尽可能采取一些措施防范作弊现象,如加强监考,同一门课程采用两份甚至三四份不同的试卷,并且让学生间隔坐开。如有作弊者,其成绩为 0 分,甚至做出开除处理。一旦一个学生在一个学校因考试作弊被开除,将不再被其他学校接收入学。前两年在斯坦福大学,一位计算机专业的学生因多次抄袭别人的作业而被校方开除! 美国大学对学生治学要求之严格由此可见一斑。

三、教师教学质量评价

美国大学的教学管理侧重目标管理。在教师教学效果评价方面,主要采取目标管理进行教学质量监控。每个学期学生对任课教师的教学效果进行评价是美国大学教学管理最大的特点。在美国,对教师教学的评价通常包括系主任、资历比较深的教授和学生的评价三个部分。但在实际评价过程中,采用的基本上是学生对任课教师评价的方法,并取得了相当的成功。

1.评价进行的方式、时间及其特点

评价进行的方式上是让学生填写“教学效果评价表”。但与我国许多高等学校进行这项工作的做法不同,美国大学不是专门在课外其他时间组织学生填写有关情况表,也不是安排在考试之后,而是在最后一堂课之前进行。学生填写的评价表由系办公室统一保管,任何教师只有在批改完成试卷并公布考试成绩后,才能到系里调阅这些评价表。这样做,不仅工作效率高,更为重要的是能够避免以下可能的情况:学生为了使教师的评卷的尺度能放松些,希望获得教师的好感而过高评价教师的教学效果;教师为寻求学生对自己的较高评价而给学生过高的分数。

2.评价的基本内容

不同学校、不同系甚至不同的时期制订的教学效果评价表风格各异、形式不同,但内容大体相同。评价内容一般分为两大部分:第一部分是对任课教师教学活动中各个环节的评价,由若干个评价项目,每个项目分为五个不同的评价等级供学生选择;第二部分是让学生就所列出的一些方面的问题对教师的教学进行评论。下面是美国旧金山州立大学商务学院就某门课程对教师进行教学效果评价的一份评价表。

教学效果评价表共分为两大部分:第一部分为专项等级评价,分为"课程组织""教学方法""与学生关系""个性""总体评价"五个项目,每个项目中又分为若干评价内容(评价等级有优、良、中、合格、差,选择其中一个等级)。

项目之一:课程组织

(1)教学大纲是否清楚说明了课程的目的与要求。

(2)教师的备课是否充分。

(3)教师本人是否很好地掌握了本学科领域的知识和动态。

(4)包含合理分配课内时间进行教学。

(5)能否很好地安排和组织教学内容。

(6)通过这门课的学习是否了解到许多新的信息。

(7)布置的作业是否有利于掌握有关知识。

(8)考试或者其他形式的考核是否能较好地反映教学大纲的要求。

(9)能否及时发回批改的作业。

(10)这门课程是否很有利于学习掌握有关领域的理论。

项目之二:教学方法

(1)是否鼓励学生对学习中的问题用批判性的思维进行思考。

(2)是否要求学生学习课程以外更多的有关参考资料。

(3)是否能用先进的教学手段进行教学。

项目之三:与学生关系

(1)在课堂里是否乐意且简明回答学生提出的问题。

(2)是否关心学生能否理解课程内容。

(3)是否能很好地营造一个活跃的课堂学习气氛。

项目之四:个性

(1)是否一直表现出较高的热情和较强的授课能力。

(2)对这门课程的教学是否很有兴趣。

(3)表达是否清晰。

(4)能否尊重不同的观点、思想与逻辑。

(5)是否有你所佩服的较强的见解和说服能力。

项目之五:总体评价

分为:"优""良""中""合格""差"五个等级。

第二部分:专题评论

(1)该教师在这门课的教学中哪些方面最突出?

(2)你认为该教师在什么方面还应该进行改进?

(3)这门课程能够通过什么方法进行改进?

(4)其他评论或意见。

3.评价的作用

长期的实践表明,采用以上方法进行的对教师教学效果的评价是客观、公平而全面的。在美国大学,评价一个教师的教学质量如何,是否能很好地因材施教,是否能不断地更新教学内容、改进教学方法和手段,从而激发学生的学习兴趣,充分调动学生学习的主动性和积极性,完全是依据学生对教师的评价而定。所以实际上,各学院、系就把学生的评价作为教师教学效果的定论鉴定并使之成为教师考核和晋升的重要依据,即不论是对教师进行业务考核还是评审晋升问题,评议前系里都要提供近年来学生对该教师的评价材料,以此衡量教学业绩的优劣。因此,教师对学生的评价非常重视。不少教师在学生考试结束后都急于知道学生对自己的评价,自己的教学内容是否吸引学生,教学方法和手段似乎有好效果,教材和教学辅导材料是否适合等,以及今后如何改进教学。不少教师认为,学生的许多意见和建议确实很有价值,可以使他们注意到一些以前被忽视的东西,能够促使他们不断改进。有关研究结果表明,认真调阅"教学效果评价表"且注意听取学生意见的教师,其教学质量都有不同程度的提高。

第九章　教学基本建设管理

第一节　教学基本建设的内涵

教学基本建设包括学科建设、专业建设、课程建设、教材建设、实践教学基地建设、学风建设、教学队伍建设、管理制度建设等。它们是保证教学质量的最重要的基础性建设，应以学校发展目标和总体规划为依据，统筹安排，精心组织，扎扎实实地坚持下去。在每项基本建设中要不断提出改革措施，创造稳定、良好的教学环境。教学建设是一个涉及教学过程各个元素和教学过程各个环节的复杂的建设过程。教学建设对于促进教学改革，提高教学水平，保证教学质量，增强教学效益都有很重要的意义。

为了认真地做好教学建设工作，应该清楚地认识到以下五个方面。

（1）教学建设应以学校发展的总体规划为依据，使教学建设成为学校总体建设的重要组成部分，在学校的总体发展中体现教学中心的地位。

（2）教学建设是一个持久的、稳定发展的过程，虽然可以是时起时伏的，但不可以是时有时无的，所以，对于教学建设应该进行认真的统筹安排，精心组织，踏踏实实地稳步发展下去。

（3）教学建设应该适应教学改革的需要，新世纪对于人才培养的需要，促使教育教学改革加快了步伐，改革促进建设，建设又推进了改革。

（4）教学建设体现在形式的建设中，更重要的应体现在机制的建设之中，形式和机制的结合才能使教学建设成为稳步的、成功的建设。

（5）教学建设和教学建设管理是全校性的工作，但是教学主管职能部门应注意到建设工作的各个方面，对其中重要的部分应给予更多的注意，才能使教学建设更符合教学的需要。

在教学建设中，学科和专业的建设、课程的建设、教材的建设、实践教学基地的建设、学风的建设、教学队伍的建设和教学管理的建设是最基本的建设，是教学建设中最重要的基础。这些基本建设的成功与否将直接地影响着教学建设的全过程，进而影响教学水平、教学质量和教学效益。所以,认真抓好教学基本建设及其管理,是教学管理工作的重要方面。

第二节 学科和专业建设

学科和专业以课程内容的形式体现在教学的过程中。所以,学科和专业是教学的重要基础,学科和专业的建设是教学建设的重要基础。但是,应该认识到教学中的学科和专业建设有其特殊的规律性,因为它们必须符合人才培养的基本规律。随着教育思想和观念的转变,对于本科教学专业的设置有了进一步的认识。

为了适应 21 世纪人才的全面培养和综合素质的提高,应根据社会的需要和学科的发展来设置专业,应注意拓宽专业的口径,扩大专业的基础,在专业培养中走前期趋同、后期分化的路,从而提高毕业生的适应性,加强毕业生发展和分化的潜能。在学科建设中,应稳步加强基础学科的教学建设,重视发展应用学科,注意到新兴学科、边缘学科和交叉学科,同时应强调学校的学科特色,将各学科的教学建设融入专业人才的综合培养中来,为社会培养出合格的复合型人才。在学科和专业的建设中,还应注意到本科专业不能随学科的分化而分化,应根据本科教育的需要而保持专业设置的综合性。要科学规划学校的学科和专业结构体系。要拓宽本科专业口径、扩大专业基础,主干学科或主要学科基础相同的专业应尽可能合并,增强学生适应性。

要稳定和提高基础学科水平,形成基础与应用学科的互补;重视发展应用学科专业,培养复合型人才;更新传统学科及专业,适度发展新兴学科、交叉边缘学科及专业;发挥本校优势,办出特色。要注意根据学科与社会发展,适时进行专业设置、专业方向、培养目标和教学内容的调整。专业设置要依据教育部和地方教育行政部门的有关规定上报审批。为了搞好学科和专业的教学建设,应注意做到以下三点。

(1)密切注意学科的发展情况,并且随着有关学科的发展而协调各相关学科的教学建设和教学关系。

(2)密切注意随着学科和社会发展而出现的人才要求,适时地进行专业设置、培养目标和培养内容的调整。

(3)认真抓好专业设置和学科教学组合的论证工作,以使学科和专业的教学建设科学化、规范化。

第三节　课程与教材建设

一、课程建设

在教学过程中,课程及其内容反映着人才培养目标的具体要求。所以,在人才培养目标明确之后,根据人才培养的要求,遵循人才培养的内在规律,合理设置课程内容,是课程建设的重要方面。课程建设要进行理论研究,明确总体目标、任务、指导思想和原则;要制订建设规划,进行有计划、有目标、分阶段、分层次的系统建设;要以建设优秀课程为中心,深化教学内容、课程体系的改革;要重视系列课程建设,改革专业的课程结构体系。要把重点课程建设和优秀课程评选作为一项整体工作,坚持评建相结合,并以建为主。

在课程建设中应该注意到:人才培养的目标必须明确,培养的任务必须清楚,培养全过程的指导思想和基本原则必须确定;同时还应该注意到,目标的确定、任务的安排应该符合本科教学阶段的要求,符合本科教学阶段教学客观规律的要求,不应当人为地强求跨越客观的教学阶段。另外,还应该注意:在加强主干课程建设的同时,应兼顾到一般课程的建设,因为在人才培养所要求的知识能力的广度和深度上,主干课程和一般课程的施教都发挥着重要的作用。

在课程建设中,还应该认识到:课程建设并不是可以一朝完成而终身受益的,课程建设是一个持续的过程,随着专业和学科的发展,随着社会需求的变化,随着教学改革的深入发展,课程的建设在不断地进行着,而且是在稳定和变革的统一中不断进行着。所以在课程建设中除了对建设的形式给予必要的重视之外,对于建成促进课程建设的机制也要给予特别的重视。

为了搞好课程建设,应注意做到以下三点。

(1)根据教学的规律确定课程建设的规划,在统筹的安排中进行有计划、有目标,分层次、分阶段的系统建设。

(2)建立课程建设评价机制,将对课程建设的要求纳入课程评价的过程以推进课程建设进程。应认真建立课程评价的组织形式,将课程评价置于较高的专业水平上。

(3)课程建设的结果应科学地体现在专业教学计划和教学大纲之上,所以应认真抓好专业教学计划和教学大纲的修订工作。

二、教材建设

教材是教学内容和培养要求的载体,是教与学这两个教学体相联系的重要桥梁之一,是教学诸多元素中最活跃的元素之一。所以,加强教材建设对于提高教学水平、保证教学质量有着不可忽视的重要意义。

在教材建设过程中应注意使教材建设符合于课程建设的进程,使教材建设体现教学改革和建设的成果,而且根据教学改革和建设的要求不断促进教材建设的进程,所以要特别注意教材的质量和时效性。另外,在教材建设中还应注意到,为了体现学校教学的特点,培养学生自学的能力,提高教学的效益,在积极参与规划或推荐教材建设的同时,应认真抓好自编教材和辅助教材的建设,认真抓好影视教材和多媒体教材的建设,认真抓好原版外文教材的选用。在教材建设中还应注意到教材的发行管理工作,应当认识到教材的发行和管理是教材建设的重要组成部分,从而建立规范而有效的教材管理体系。

为了搞好教材建设,应注意做到:根据培养的需要,明确教材建设的指导思想,确定教材建设的规划,建立教材建设的机制,制订必要的政策和规章制度,推进教材建设;依据教材建设的需要,建立教材评价体系,并开展有效的教材评价工作;认真抓好教材的发行和管理,提高教材使用效益;创造教材使用条件,使教师和学生能够方便地使用各类教材。

第四节　实践教学基地建设

实验和实践教学是高等教育过程中的重要环节,是知识的获取或验证及能力培养的重要步骤。因此,实践教学基地也是教学过程中的重要场所,必须认真抓好实践教学基地的建设。要坚持校内外结合,做好全面规划。实验室是实践教学基地的重要组成部分,实验室建设一定要与学科专业建设、课程建设相匹配,防止分散配置、分散管理、局部使用、低水平重复的低效益建设方式,注意集中力量建设好公共的基础性实验室;做好实验室的计划管理、技术管理、固定资产管理和经费管理,改进分配和设备投资办法,提高投资效益,提高设备利用率;组织实验室建设的检查验收。在满足基本教学需要的基础上,尽可能考虑建设综合性实验室,以利于集中管理、合理配置和合理使用,提高使用质量和效益,同时也应有利于综合性实验的开展,从而培养学生的综合能力和创新能力。

在加强实验室建设的同时,也应对其他类型的校内实践基地加强建设,在建设中也应坚持质量和效益的原则。校内实习基地的建设,突破于仅限于感性认识、技能训练的旧模式,使之成为可模拟工业、社会等环境,进行综合教育训练的课内外实践教学基地;同时要改善实习条件,健全实习管理规章制度。

对于校外实践教学基地的建设,应注意在互利原则的基础上保持相对稳定的关系。建设校外实习基地,要努力把实习与承担实习单位的实际工作任务结合起来,做到互利互惠,以取得校外实习单位的支持。互利可以使单纯承担教学的负担转变成为有利于基地整体建设的促进动力,而稳定的共建关系,不但有利于基地的建设,也有利于教学质量的提高。

为了搞好实践教学基地建设。应注意做到:

(1)根据教学的需要,全面规划基地的建设或改造,并且有计划、分阶段地组织实施。

(2)规范实践教学基地的管理,建立资源合理配置和合理使用的机制,建立必要的规章制度并认真执行。

(3)建立实践教学基地的评估体系,促进教学基地的建设和管理。

第五节　学风建设和教学队伍建设

一、学风

学风包括教师的治学作风和学生的学习目的、学习态度、学习纪律等方面的学习作风。要通过思想建设、组织建设、制度建设和环境建设,逐步形成好的传统。要坚持重在教育,建管结合,建为主导的原则,坚持"校、院、系共同抓,教师人人管"的做法,把学风建设与学校德育工作相结合。要通过教学改革,使学生变被动学习为主动学习,并充分利用选修课、第二课堂等形式扩展学生学习的领域。要特别重视考风建设,通过严肃的教育和严格的管理,坚决制止作弊等错误行为,纠正不良风气。

学风是学校治学传统的体现。在坚持做好教师职业道德和治学作风建设的同时,学风建设的重点是在学生的学习和生活中。因此,在学风建设中应注意到:学风建设重在教育%应树立起全员、全方位、全程教育的观念,认真抓好教书育人、管理育人和服务育人的工作,使学生在思想政治、道德品质和作风各方面都具有参与的意识,提高学生主动学习的自觉性。在学风建设中还应注意到:学风建设重在熏陶。学校的优良传统,学校的治学作风,通过教师,通过课堂,通过校园中的种种事物体现出来,形成一种氛围,对学生产生潜移默化的影响,形成了学校的传统特色。在学风建设中还应注意强调,学风建设重在管理。严谨的规章制度,严格的管理,严明的奖惩,使学风在学校的要求中,在学生的自觉行动中形成并传下去。

为了搞好学生的学风建设,应注意做到:

(1)加强学生的综合素质培养,通过主课堂、第二课堂、社团活动、校园文化、社会实践等方方面面的培养,使学生得以全面发展。

(2)抓好学生的综合测评,通过综合测评引导学生向正确的方向发展。

(3)注重学生学习生活中重要环节的教育和管理。

(4)把教师教学管理和学生教育管理有机地结合起来。

二、教学队伍

教学队伍包括各级各类教师和教学辅助人员。教师是最活跃的元素,而且是最重要的教学资源。所以加强教师队伍的建设是提高教学水平,保证教学质量,提高教学效益,促进教学改革的重要措施。加强教师队伍建设,应该注意合理规划教师队伍的年龄结构、学历结构和职称结构,只有有了合理结构的教师队伍,才能保证教学过程的持续展开。通过体制改革,建立一支人员精干、素质优良、结构合理、教学科研相结合的相对稳定的教学梯队,校、系、教研室均要制订教师队伍建设规划,层层负责,抓好落实。要提高教师的整体素质,在职与脱产培训结合,以在职为主;重点抓好中青年骨干教师的培养提高;注意选拔培养学术带头人和骨干教师;发挥学术造诣高、教学经验丰富的老教师的传帮带作用,培养优秀青年教师充实教学第一线。在合理安排教师梯队时,应注意到学科学术队伍的建设与学科教学队伍建设的区别点,不可以学术队伍的建设完全代替教学队伍的建设。

教师培养是教学队伍建设的重要环节。对于教师,除了应具有本业、本学科较高的学术水平以外,还应要求有良好的教学素质、高尚的教师道德、合理的知识结构和能力结构,而且应掌握较好的教学亨法。这些都要求对教师进行专业培养以外的教学素质培养。教学辅助人员的培养和提高也是教学队伍建设的重要部分,没有足够的较高质量的教学辅助人员,也无法保证教学过程的质量和水平。

为了搞好教学队伍的建设,应该注意做到:

(1)加强教学队伍的思想教育,提高教师的责任心,提高教师的职业道德水平。要使这一教育规范化、系统化。

(2)结合教学的安排,制订教师建设规划和切实可行的落实计划,制订必要的政策,加大投入,落实待遇,加大激励力度。

(3)加快学科的发展,促进人才的流动,引进优秀人才。加强教师的培养工作,尤其要规范教学素质的培养过程。在培养中应注意给予足够的实践机会,使培养和使用结合起来。

（4）加强教师教学状态的评估，建立规范的教学状态评价体系，较科学地评价教师的工作状态。引入竞争机制，将教学工作状态的评价结果与竞争机制相结合。

5.制订必要的政策，建立必要的规章制度，促进教师开展教学研究和教学法研究，积极参与教学改革。

第六节　教学管理制度建设

随着科学技术的发展和教学水平的提高，对教学管理的要求也越来越高，希望能够从高水平、高质量、高效率的管理中，保证教学过程的高水平、高质量、高效益。在改革、建设和管理这三个教学管理工作的主要环节中，管理体现着教学过程的可持续发展的战略形式。在教学管理建设的诸多范畴和内容中，教学管理规章制度的建设体现着教学管理的规范性。所以，教学管理和其他管理一样，正在从以经验为主的管理形式过渡到规范型和科学型管理的形式中，教学管理规章制度涉及教学管理的方方面面，凡是有管理存在的环节，均有制度建设的必要。

在制度建设中应注意建立较为完整的严密的规章制度，将规章制度都制订成守则。规章制度的建立并不意味着工作的完善的是制度的执行机制和执行过程。在规章制度建立起来以后重要的工作是对规章制度的宣传、学习、执行和遵守。规章制度的执行过程具有强迫性，而遵守过程则包含自觉性。一个好的规章制度的实施过程应是强迫性和自觉性的统一。

要制订并完备教学基本文件，包括教学计划、教学大纲、学期进程计划、教学日历、课程表、学期教学总结等。要建立必要的工作制度，包括学籍管理、成绩考核管理、实验室管理、排课与调课、教学档案保管等制度，以及教师和教学管理人员岗位责任制和奖惩制度；学生守则、课堂守则、课外活动规则等学生管理制度。

教学管理是教学过程中的广泛的复杂的组织协调过程。为了搞好教学管理规章制度的建设，应该注意做到：

（1）加强规章制度建设的意识，制订制度建设的必要的规则和计划，有目的地进行必要的制度建设。

（2）规范制度建设的程序和要求，根据管理的授权范围，协调制度建设过程。

（3）建立教学管理的评价机制，将规章制度建设要求纳入评价条件之中，促进制度建设进程。

（4）建立规章制度实施的记录和监督程序。

以上涉及教学基本建设的一些问题，但是并没有涵盖教学建设的全部范畴和内容。教学建设过程是一个理论与实践相结合的过程，而且其实践性更强。所以，应该在实践中认真做好教学改革、建设和管理工作，促进教学工作的稳步发展。

第十章　教学管理组织系统

第一节　传统的高校组织模式简介

管理机构的组织模式规定了管理机构之间的相互关系,规定了管理权力的作用方式。传统的教学管理组织模式大致有四种形式:"直线制""职能制""直线—职能制""院部制"。

一、直线制

直线制即各级的一切指挥与管理职能基本上由各级行政负责人自己执行,从组织的上级至下级管理机构形成一条"指挥链"。只有个别的职能人员协助各级领导工作,而不设职能机构,则形成了校长—系主任—教研室这样的行政指挥链。其优点是形式简单,命令统一,指挥及时,责任与权限分明。缺点是要求行政负责人掌握学校一切,亲自处理各种业务。这种形式不适合普通高校管理,只适合规模较小的职工大学或成人高校。

二、职能制

职能制模式即每级领导管理机构都根据不同的管理职能,建立起若干职能机构,分别承担某一管理职能。这些职能机构受本级组织领导机构的委托,有权向下一级机构下达命令和指令,下一级必须服从。这种模式的优点在于可以使领导机构的主要负责人从各项具体的行政事务中摆脱出来,集中精力考虑有关全局问题。但是它也存在着明显的缺点:当学校各职能机构拥有对系的指挥权时,系主任受到多头指挥,而感到无所适从。我国普通高校一般也不采用这种形式,部分成人高校由于校长往往是兼职人员,为了减少兼职校长的具体指挥工作,而采用这种管理形式。

三、直线—职能制

这种模式保持了直线制的指挥链,如高校从校长到系主任直至各教研室进行直线式的统一指挥。同时,每一级又设有承担具体管理职能的职能机构。这些模式的特点是,职能管理人员是直线指挥人员的助手,只能对下级机构进行业务指导,而不能对它们进行直线指挥和命令。其助手作用包括:提供信息,把直线指挥方案具体化;把决策化为命令并传到下属;监督命令的执行情况等。它扬弃了职能结构多头领导,指挥不统一的缺点,保留了职能结构管理专业化的优点,又吸取了直线制结构统一指挥的优点,因而有助于提高管理效能。目前我国大多数高校都实行这一管理模式。但这一模式也有缺陷:一是各职能部门之间横向联系较差,职责接口不明确,造成多种矛盾,影响工作效率;二是实际上职能部门权力过大,造成下级无所适从,形成实际上的多头领导。

四、院部制

这是一些规模较大、学科综合的大学所试行的模式。大学下设学院,学院之下设系,是一种分权管理的组织形式。其优点是可以使学校(院)领导减少管理幅度,便于集中精力抓大政方针。院部制可以充分发挥其创造性和自主性,提高办学的积极性,国外多数大学实行这一管理体制。但是如果学院是"虚体",则学校的管理跨度并没有减少,反而纵向多了一个管理层次,校部仍然必须保持一个庞大的职能部门体系。

第二节　学校教学工作组织管理系统

一、领导机制

高等学校可以依据现代管理的基本原理,建立由决策指挥机构、执行机构、参谋咨询机构、民主监督机构、信息反馈机构五个部分组成的教学管理系统,并相互协调同步,形成连续封闭的回路,产生有效的管理活动。

教学工作是学校的中心工作,党委书记领导党委一班人努力贯彻党的教育方针、坚持正确的办学方向,支持校长将教学工作放在学校各项工作的首位。校长在校党委的统一领导下,对学校的教学工作负全面责任;分管教学工作的副校长主持教学工作的规划、设计及经常性工作,并指挥调动职能部门,通过严格管理和各种激励机制,最大限度地利用学校的各种资源(人力资源、物质资源、财力资源等),实现各项教学管理目标,追求良好的办学效益(主要是社会效益)。

校领导班子分工要明确,权限要分明。各位校领导对属于自己职权范围内的事情,在弄清情况的基础上应及时处理,勇于负责,对教学管理的指导思想、政策、规划、改革举措等重大事项应提交校务会议通过民主讨论决定。在提交讨论之前,可以先拿到教学工作委员会上征询意见。

为了使校领导的决策正确恰当,学校应建立灵敏有效的信息反馈系统,如各级领导听课制度、定期检查制度、设立教学巡视员和信息员制度等,目的是及时了解真实的情况。

二、教学管理机构

学校教务处等职能部门要在主管校长领导下开展具体管理工作。主要是两方面的工作:一是具体组织实施教学管理工作,使全校的教学有序地运转起来;二是起参考作用,凡向主管校长汇报或请示问题,必须讲明所请示问题的原委,事实应弄准确,同时为主管校长对此问题决策提出方案,有可能的话尽量提出多种方案,并分析采用某种方案的利弊,以便比较及决策。

在众多教学职能管理部门中,教务处应处于中心地位,其他教学管理部门以及各院、系、部要密切配合教务处的工作。组织部门在考核和选拔其他教学管理部门以及各院、系、部主要负责人时,征求教务处长的意见是必要的。

各院、系的主要工作就是组织教学活动,院长(系、部主任)负责全院(系、部)的全面工作(重点还是教学),他们应具有与本院(系、部)所开设专业相符的高级专业技术职务并是学科的带头人。分管教学的副院长(系、部副主任)主持日常工作并负责具体实施,分管教学的副院长(系、部副主任)至少应具有与本院(系、部)所开设专业相符的高级专业技术职务,熟悉教学业务,能提出学科建设和教学改革的方案。涉及全院(系、部)的重大教学改革举措及活动除在院(系、部)工作会议上讨论外,还应在教学工作委员会范围内征询专家教授或其他教师、其他人员的意见,与学生关系密切的提案,还可酌情听取学生的意见,尽量做到民主决策。

各院、系、部应设置教学秘书或教学干事,处理日常性的教学事务工作,他们应熟悉本院、系、部的主要教学业务,人员必须相对稳定,每一任教学秘书或教学干事的任期不宜太短,一般至少四年为宜。

三、参谋咨询机构

建立和健全参谋咨询机构是决策科学的需要和保证。一般高校的参谋咨询系统可由以下部分组成:

建立各种专门委员会或领导小组。如学校专业设置委员会、教学委员会、学位评定委员会、招生委员会、职称聘任领导小组、课程建设领导小组。这些委员会及领导小组可以根据任务和要求的不同,在某一方面成为学校(院)领导的咨询机构和审议机构。一般由校领导当负责人,依托职能部门为办事机构,从而发挥机关的参谋、管理作用。

建立和健全校、院、系(部)的教学工作委员会。教学工作委员会是由直接从事教学工作,具有丰富教学工作经验的教师和懂得教学工作、有教学专长的管理人员组成,是党委会或校长办公会决策的咨询机构。决策事项提交一定的会议(如校长办公会、校务委员会等)通过民主讨论决定。主管教学的副校长对重大的教学问题,如对专业的增减、调整、设置,对教学计划的修订,以及诸如类似涉及教学活动或教师利益变更的举措,在提交党委会或校长办公会讨论之前,应先拿到教学工作委员会上征询意见,使校党委会或校长办公会的决策建立在更扎实的基础上。

第三节　教学管理队伍建设

管理本身是一门科学,我们应当经常研究它,结合教学管理实践中出现的问题探索其中的规律,以不断提高管理水平。要根据不同岗位的需要,建立一支专兼职结合、素质较高、相对稳定的教学管理干部队伍。要有计划地安排教学管理干部进行岗位培训和在职学习,掌握教学管理科学的基本理论和专门知识,提高管理素质和水平。要结合工作实际,有组织地开展教育科学研究与实验。要创造条件,开展国内外高等学校教学管理人员的相互考察、交流和研修,以便适应管理科学化、现代化的要求。

一、教务处管理人员

必须注重教学管理队伍本身的建设,尤其是教务处工作人员的素质和工作状态,直接关系到教学水平的优劣。学校应当健全教务处的科室机构,配齐工作人员,而且应当是素质较高的工作人员,他们除要有敬业精神外,还要提出学历、学位以及专业知识的要求。另一方面,要让教务处管理人员清楚其职能:参谋职能,通过教学调查和教学研究,为领导和上级教育(学)管理职能部门提供教学情况,提出改革和改进教学工作的方案和意见,为各类教学人员提供教学咨询;管理职能,组织教学计划的制订和执行,组织课程教学和各教学环节的实施,做好学生学籍管理等;督导职能,开展旨在引导和控制教育(学)质量的各类教学评估、评比和检查;服务职能,为教师、学生和其他教学人员提供教学后勤保证和服务,例如,教材、实验设备、课表、教室、经费、选课指导等。

二、教学系主任与教学秘书

各系要配备能力强、业务精的教学系主任。这里说的业务精,不只是指教学系主任应具备本专业较强的业务水平,更主要的是要求其懂得教育教学的有关知识,精通教学管理的各个环节。教学系主任的职责是协助系主任贯彻执行国家的方针政策、学校办学指导思想、各项决定和规章制度,完成教学院长下达的各项任务并分管本系教学方面各项工作,包括组织制(修)订各层次学生的培养方案、教学计划;实施教学运行工作的日常管理及检查监督,防止教学事故的发生,稳定教学秩序,保证教学质量;参与制订系发展规划,学科与专业建设规划;组织教育思想学习,研究制订本教研室改革计划及实施安排;组织课程、教材、实验室、实践基地等教学基本建设;组织师资梯队建设及青年教师培养,一类课和高水平课教师的培养与建设。教学系主任的工作还应通过组织好系教学工作委员会的工作,得到其在各项教学改革、建设与管理工作的咨询和支持。

教学秘书是教学管理队伍中基层的管理人员,是稳定教学运行的中坚。其工作职能是负责日常教学的组织管理,教学秘书的工作状态,直接反映一个学校的教学运行状态和教学管理水平。因此,要求教学秘书不间断地学习教育管理知识和同行的经验,不间断地与教师、学生沟通关系,了解他们的想法和希望,进行教学管理研究;在工作指导思想上要立足学校发展全局、确保教学质量,同时主动为教师着想,为学生着想,也替系(教研室)主任着想;在履行职责工作中,想得深、计划远、工作细、有韧劲、勤整理、快反馈,这样就会在较高水平上完成各项工作任务。一个系教学管理工作的水平、质量与教学秘书的素质、能力、水平,与他们和系(教研室)主任的配合,与他们对师生的服务意识关系极大。

由于每个教学系主任和教学秘书的工作情况、工作状态直接反映一个学校的教学运行情况和教学管理水平,学校的教学管理工作又是由教务处通过他们得以贯彻,因此,在对他们的业务考核和职务聘任时,征询教学院长或教务处的意见是非常必要的。

三、教研室主任

学校的每个教师的编制总要落实在某一个教研室,教研室就是学校中基层的教学组织。学校教学计划的实施和各种教学任务(授课、编写教学大纲、教材、实验计划、进行实践教学活动以及教师的培养等)的完成最终要落实在这里,因此必须十分重视教研室的建设。教研室建设包括两部分,一是组织建设,教研室的规模要适度,人数太多或太少都不好,对调入教研室的教师要严格考核和选拔,教研室主任、副主任的人选尤为重要,应由具有教学管理经验和奉献精神的同志担任,教研室主任、副主任的聘任应经学校授权的职能机构(如教务处、人事处)审查同意;二是制度建设,要严格带领教师执行学校和院、系、部有关教学的各项规定,认真组织教学活动,抓好教学的各个环节,研究教学中发生的种种疑难问题。学校应制订教研室职责范围和行为规范,明确教研室主任、副主任的职责和权利,尊重教研室负责人的权利(如对教师的调进或调出的意见,教学活动的安排与实施方案等),并定期(如三年)开展先进教研室、优秀教研室主任、副主任的评比活动,以起到鼓励先进的作用。

第十一章　本科院校教学质量管理与评价研究

高等学校的根本任务是培养社会需要的、德、智、体诸方面全面发展,具有创新精神和实践能力的高级专门人才,而人才的培养主要是通过教学活动来完成的。教学工作始终是高校的中心工作,教学质量的高低决定着人才培养的质量。提高教学质量是教育永恒的主题和主旋律。尤其在市场经济条件下,教学质量是一所高校的生命线,是一所高校生存与发展的根本所在。因此,加强教学质量管理研究,建立科学、规范、有效的教学质量保障系统和监控、评价体系,对保证和促进教学质量的提高,具有重要的现实意义。

第一节　教学质量和教学质量管理

一、教学质量及其管理的涵义

"教学质量"是一个浅显而又模糊的概念,在教育理论界也没有一个严格、明确、统一的定义,其真正的含义要比我们日常的理解要复杂、广泛得多。一般认为,教学质量的高低,体现在学生学习的质量上,体现在学生思想、文化科学知识及身心素质的提高上。按照本科教育新的教育理念,教育质量的高低,应取决于在多大程度上使学生的知识、能力、素质、创新精神等得到提高和增强,并最终体现在毕业生是否能满足社会的需求,是否受到用人单位的欢迎。

高等学校的教学质量管理是一项复杂的系统工程。教学质量管理就是要通过不断改善影响学校教学质量的各种因素,通过科学的评价,分析教学质量,建立通畅的信息反馈网络,从而营造并维护良好的育人环境,达到最佳的教学效果。因此,要树立向管理要质量的意识,探索教学质量管理的有效途径,真正达到提高教学质量的目的。

二、影响教学质量的因素分析和全面质量管理

教学质量是一个综合指标,影响教学质量的因素是多方面的,既有学校内部的因素

(教师、学生、条件、管理等),又有外部的因素(方针、政策、体制等);既有主观因素,又有客观因素。就学校内部来说,影响教学质量的因素主要有人、物、管理三个方面。

影响教学质量的人的因素,主要是指教师、学生和管理者。因为教学活动主要是教师教、学生学、管理者管的共同活动。在这个共同活动中,教师起主导作用,以保证教学按照大纲规定的目的、内容来进行。因此,教师的学术水平、治学态度、为人师表、授课的方法与内容对教学质量起着根本性的作用。学生是教学过程的主体,只有在学生积极主动的参与下,才能实现知识和能力的转化及素质的提高。学生的学习基础、学习态度、求知欲望、刻苦精神及学习方法等,是影响教学质量的关键因素。教学活动离不开有效的教学组织与管理。管理者的工作态度、业务水平、工作方法等对教学质量也起着至关重要的作用。

影响教学质量的物的因素,主要是学校为保障教师传授知识和学生学习所需要的物质条件及特定的教学环境。包括教室、实验室、教学设备设施、运动场地、图书资料、教材及生活条件。这些都是维持教学活动正常运转不可缺少的条件,其中任何一项达不到规定的标准,都会直接影响教学质量。

在教学系统中,人的因素与物的因素既各有其独立的地位和作用,又是作为一个整体发挥作用的。规范化、科学化、制度化的教学管理,是使各因素之间形成最佳组合、发挥最佳效果不可或缺的。管理水平高,管理手段、方法先进,规章制度健全,组织严密,人和物就能充分发挥作用,保证教学质量的提高,否则就很难发挥正常的作用。

教学质量管理是一个全过程的质量管理,它包括招生质量、教学质量的实施过程、教学活动过程、教学辅助过程和实现科学化考试管理过程。而教学质量评价,则是通过定期的教学检查和对各专业、各门课程、各项教学基本建设以及教师教学质量和学生学习质量的评价。加强教学质量管理,就是要抓住这些关键教学环节,强化对这些过程的监督和考核,及时发现和纠正实施中出现的具体问题,协调各个部门、各个阶段之间的关系。只有做到全方位、全过程的质量管理,才能真正提高学生的综合素质,实现教学质量的提高。

管理是一门科学。在国际上,许多教育工作者引进了全面质量管理技术,对教学质量管理进行了尝试,并取得了一定经验。在我国,全面质量管理也引起了教育界的广泛关注。对教学工作进行全面质量管理,是教育质量管理发展的必然趋势。

在企业界,全面质量管理是为了保证和提高产品质量,对影响产品质量的各种因素进行全面系统的综合性管理。其主要特点:一是施行全过程管理,即对生产全过程的一切环节进行质量监控;二是全员性管理,即倡导管理人人有责,每个人都要对自己担负的工作和工作质量负责;三是全面提高工作质量的管理,通过提高各项工作质量来提高产品质量;四是综合性质量管理,即进行系统的整体性管理。虽然学校人才的培养与工厂物质产品的生产不完全相同,但结合学校教学过程特点,形成科学规范的全面质量管理体系,提高教学质量管理水平,是当前需要研究和实践的重要课题。

三、教学质量管理的基本内容与方法

(一)国外高校教学质量管理的思路

剑桥大学副校长朗斯黛尔教授认为,保障大学教学质量既是大学对其师生进行有效监督和提供良好服务的需要,又是按照外部认可的标准进行办学的需要;既是证明学校人才培养质量的需要,又是证明公共教育经费是否得到有效利用的需要。质量保障也是大学的内在目的,因为好的声誉可以吸引最好的教师和学生,从而更好地促进大学的发展。

国外大学保障教学质量的普遍做法有以下十类。

(1)建立良好的校内管理体制。必须明确行政管理人员与教师的关系。大学的灵魂是教师,教师的质量是决定一所大学成败优劣的主要因素。同时,行政管理人员是大学的骨干和肌肉,他们的职责是全力为教学科研工作提供最优良的环境和最有力的支持。制度建设是大学成功发展和提高质量的重要因素。哈佛大学的成功主要是形成了一种明确的办学理念、一套系统的制度和机制。国外大学普遍重视发挥组织内部的垂直体系和平行体系的作用。除了发挥上层的主动性,还要发挥院系一级的主动性,使两者有机地结合在一起。分权管理是十分重要的,只有大学高层的主动管理是绝对不行的,还需要有院长、系主任、教师的补充。大学里面教学工作是由系一级做出最重要的决定,系主任是离教师和学生最近的领导者,他们对教师管理和教学质量管理最有发言权,高层主管领导们要与他们保持密切联系,给他们以支持;同时,坚持以人为本的管理,校领导要多与教师进行交流,对教师的工作兴趣表示欣赏,让教师感到他们是在一个充满支持与关爱的环境中工作。另外,学校应当注意对教学管理人员的培训。

(2)从源头上(引进教师和招收新生)保证教学质量。如果根据杰出的教学和研究能力来选择教师,根据学术智慧来选择学生,那么在观念和具体内容上已经进入了质量保障的核心。有的大学在聘任教师时所持的标准是,新聘任的教师不能和目前的教师平均水平一样,而要高于目前教师的平均水平;不仅要看其良好的资格条件和推荐信,还要看其得到认可的出色工作履历,审视其个人的品质。各大学都普遍重视教师的日常管理工作。如卡内基-梅隆大学专门成立了教学发展中心,规定每个新教师都要参加一周的培训,由有经验的优秀教师向他们介绍本校的一些成功做法,不参加培训的教师是不能直

接教学的。如果教师有教学方面的问题，可以去教学中心寻求帮助。学校还制订了学生对教师教学工作的评价表，学生的评价结果虽然不直接作为教师的提升依据，但可以为院长提供参考，便于院长在适当的场合经常提醒有关教师注意一些问题。

剑桥大学教师管理的全过程是：①任命程序——任命讲师的标准程序是考核其教学能力，这是保障教学质量的基本因素。②任职和培训——为新任命讲师组织培训班，培训其电子教学手段的使用及其他能力。学校专门建立了教育技术应用研究中心，研究因网络教学和在线学习在教学方法和技术方面提出的挑战，帮助教师利用新的教学方法组织教学。安排系里或院里担任高级职务的教师辅导新任讲师的教学及管理工作。③试用和正式任命——所聘用的大学讲师都有试用期，期间如果证明该讲师不能胜任，正式任命就得不到批准。④考核——所有大学讲师都要参加年终教学考核，可以向系里反映他们遇到的问题，或者在哪方面需要参加培训。⑤教学观摩——采取这种方式检查新任教师的教学能力，同时开展研讨，请有经验的教师提出改进意见或实际演示。⑥学生评价表——通过学生评教，为院系教学委员会讨论教学问题时提供参考。⑦晋升——大学讲师可以晋升为高级讲师，依据是教学、管理和研究能力，并依此顺序考核、晋升。晋升副教授以上职称，主要依据是研究能力，也包括教学和管理能力。

（3）采用师生互动的学习方式。美国一位著名的高等教育研究学者提出："所有真正的学习都是主动的而不是被动的，它需要运用头脑，不仅仅依靠记忆。它是一个发现的过程，在这个过程中，承担主要角色的是学生而不是教师。"他们强调学生主动学习的重要性，都采用一种对话式的教育。在研讨课中公平地对待学生，使其得到最大的激励和挑战。从长远来看，任何领域的学术和科学，如果没有学生尽早地和积极地参与都不可能繁荣。造就名牌大学的一个因素就是赋予年轻学生参与的机会，而不仅仅是让年轻学生坐在教室里做知识的接收者。另外，教师十分重视现代化教学手段的应用，如投影、录像、计算机辅助教学、访问教学等。这样，一方面可以提高课堂教学效率和增加信息量，另一方面有利于提高学生的兴趣、提高知识面和增强思维能力。除了教科书外，通常教师还会给学生介绍一些教学参考书，发放许多学习参考资料，以扩大学生知识面，提高其自学能力。

（4）重视让大学生参与科研活动。让大学生参与科学研究活动，能够发展其对科学基本问题的认识和理解，培养其开放的心智和浓厚的兴趣，将最新知识转化为创新活动。卡内基-梅隆大学为本科生设置一些交叉学科的研究项目，学生可以自己去申请这些项目，也可以主动提出自己的建议项目。为此，他们还成立了专门负责学生事务的机构，为新生制订相应的联系老师，学生若有问题，可以得到教师的指导。重视研究与教学的结合，要有高水平的教授去教本科生的课程。

(5)控制适当的规模,拥有雄厚的师资力量,实行导师制。学校的规模、师生比例也会影响教学质量。如果学校规模、班级规模不大,教学质量比较容易得到保障。在部分小而精的大学采用"导师制"。如巴黎高等师范学校的本科教育质量是世界闻名的,该校每个学生都有自己的导师,四年中要参加哪些讲座、做哪些综述、课程设计和毕业论文,教师对每个学生都有跟踪。导师制是欧洲一流大学的传统,也是巴黎高等师范学院获得成功的主要秘诀之一。

(6)实施通识教育。世界一流大学的本科生教育一般都强调通识教育,注重文理基础和多学科的融会贯通。本科生教育质量是一所大学教育质量的基础。没有一流的本科教育,就没有一流的研究生教育,也就没有一流的大学。纽约大学前校长约翰斯通教授谈到,美国大学真正独特的东西是优秀的文理学院(又叫"博雅学院"),这些学院差不多是以适合综合性研究型大学同时逐步发展起来的,对培养学生的创新和思维能力作用很大。文理学院专注于本科教育,教育质量非常高。日本东京大学的学生,在本科教育的前两年主要学习人文社会科学和自然科学的基础学科,后两年才分专业,专业学习课程较多,密度较大。在第二学年分专业时,每个学生可以选报三个专业,学校根据报名情况和学生前两年的学习成绩,将学生分到不同专业。

(7)突出选修课,减少必修课的比例。选修课尊重学生学习的兴趣、潜质和学习的自由选择权;选修课也尊重教师教学的自由,可以根据自己潜心研究的学科领域和专业方向来开设选修课,而不必完全按照刻板的教学计划来进行。从19世纪末哈佛大学校长倡导选修课制度以来,这一课程形式受到了全世界大学的广泛欢迎,并得到了大力推广。康奈尔大学开出了累计上万门课由学生选修。选修课制度并非是完全随意的。各个学科、专业根据自己的特点,设置必要的必修课,并限定自然科学类课程、人文社会科学类课程、文学艺术类课程等分别至少须选修多少学分。

(8)加强对学生的日常管理,增加教师与学生接触和交流的机会。耶鲁大学实行住宿学院制度,所有的本科生都隶属于12个住宿学院,有来自本国各州及世界各地的几百名学生组成一个小社会。每个学院的院长和教务长与学生一起住在学院里,院长负责学术事务,教务长负责学生的文化活动和社会活动。住宿学院最大的好处是教师与学生生活工作在一起,包括在学院餐厅里一起就餐,相互影响,相互交流。教师可以更好地了解学生的生活学习状况,以及学校教学及教学管理中的问题,及时引导和帮助学生。

(9)注重实践性教学环节,培养学生的实践能力和创新精神。国外许多大学都加大了实践性教学在课程体系中的比重,并不断更新其内容。本科生的实验类型不仅有验证性实验,还有设计性、综合性实验。不少课程开设一些项目设计实验,学生根据实验的要求自己设计实验的方案和步骤。在实验过程中,往往要综合所学的理论知识去分析一些可能预料不到的问题或失败的原因,直到取得满意的效果。学校的实验室都是全天向学生开放。学校安排并鼓励学生到有关企事业单位实习半年至一年,把所学的理论运用于实际工作,学习许多在学校学不到的东西,提高观察能力和动手实践能力,积累各方面的经验。许多学校对工程专业的毕业设计要求很高,不仅要完成项目的理论研究、方案的选择和图纸的设计,还要求制作出相应的装置,并且要进行实际的演示才能通过答辩。同时,各高校均重视跨学科的研究,采用学科交叉的办法提高教育质量。

(10)开展丰富多彩的校园活动。美国卡内基教育促进基金会对美国大学生管理所做的一项调查表明:"大学教育的效果是与大学生在校园里度过的时光以及学生参加各项活动的质量联系在一起的。"丰富多彩的校园活动为学生营造了一个提高综合素质与能力的良好环境。比如,校内外专家学者面向本科生开设的大量讲座及专题讨论会,其内容涵盖政治、经济、科技、文化、文学、艺术等方面。这种浓厚的学术氛围,有助于学生扩大知识面、开阔视野、激发求知的兴趣和创造力,而大量高水平的文艺节目演出,使学生能够感受艺术的熏陶,活跃思维。各种各样的学生组织开展内容丰富、形式多样的活动,需要学生发挥他们的想象力和创造性去设计和组织,既有利于增长智慧、培养能力,也有利于身心健康和综合素质的提高。

在大学教学质量管理方面,政府和社会的监督是非常重要的。美国采用认证制度。其目的是保证高校最低的质量标准,使大学提供的教育学生可以接受而不被欺骗;保障外部问询的顺利进行,证明高校是有效率的;通过认证的学校有资格申请联邦政府的研究资助和对学生的资助;另一个目的是促进高校内部教学质量的改善和提高,通过认证活动,高校可以得到批评和帮助。

在学校内部教学质量的管理方面,国外一流大学普遍采取学生对教师教学效果进行评价的方法。一种是总结性、鉴定性的,学生对教师授课做出的总评价;另一种是反馈性的,即学生对教师的教学喜欢什么,不喜欢什么,学到了什么,有什么问题提出具体看法供教师参考。这两种评价方法通常同时应用。同时,学校还结合其他方式,如同行教师评价、资深教授评价等,全方位评价教师,这样才会真正有助于教学质量的提高,达到评价的目的。

(二)我国高校教学质量管理现状

随着我国高等教育的发展,高等教育教学质量管理经历了不同的发展阶段。由于各高校的办学历史、办学质量和管理水平的差异,当前高校中也呈现出以下四种状态(阶段)。

(1)日常教学管理阶段。主要开展一般性期中教学检查,平时组织听课,征求学生对教师讲课的反映,组织期末考试、考查等。

(2)以日常教学质量管理为主,同时接受上级主管部门对学校教学质量开展各种教学评价工作。但二者相互脱节,存在"两张皮"现象,呈"双轨"运行状态。

(3)转变教学管理功能,把教学评价作为教学管理的重要手段,坚持日常教学质量管理与教学质量评价有机地结合,使"双轨"运行变为单轨运行。

(4)从教学质量管理系统化、规范化、科学化的高度,探索建立高等学校教学质量监控系统和教学质量保障体系,把目标管理和过程管理相结合,实现全面的教学质量管理。

教学质量管理的工作模式是日常教学质量管理与周期性教学质量评价相结合。加强日常教学质量全过程管理,是保证基本教学质量的必要条件和有效手段。开展周期性教学质量评价,是不断提高和促进教学质量的有力措施。

(三)日常教学质量管理的基本内容和方法

1.日常教学质量管理的基本内容

主要包括:新生入学质量;培养计划(教学计划)质量;教学条件保证质量(教室、实验室、教学实验设备、现代化教学手段、图书信息、体育场地与设施等);教师队伍质量;教学管理质量(科学、严格的教学管理制度及实施的有效性);教学大纲质量;教学过程质量(包括课堂讲授,实验课,习题、讨论课、实习课、课程设计(论文)和毕业设计(论文)以及课外作业、辅导答疑等教学环节);课程考核质量及学籍管理质量等。

2.日常教学质量管理的基本方法

主要由以下几方面:①定期教学检查制度。一般安排教学准备工作检查、期中教学检查、期末教学检查等。②听课制度。包括学校各级领导、教师、专家听课。③学生教学信息员制度。定期听取学生对教学工作的意见,及时改进教学。④学生评教制度。每学期安排学生对任课教师进行一次普遍性评教活动。⑤教学督导员(巡视员)制度。聘请有经验的教学专家平时对教学各环节进行调查了解。⑥学风检查制度。对学生学习纪律、完成作业、考风考纪及主动学习情况进行检查。⑦教学信息收集、统计、反馈制度。对影响和评价教学质量的有关信息,有计划、定期地进行收集、统计。⑧毕业生质量社会调查制度。定期进行毕业生质量社会调查,总结分析。

(四)周期性教学质量评价的主要内容和方法

学校内部周期性教学质量评价的主要内容有以下五个。

(1)教学计划评价。根据学校发展目标和培养目标,参考定期毕业生质量反馈,进行教学计划的评价。

（2）院（系）教学工作评价。按照教育部教学工作评价方案（包括优秀、合格等教学评价），制订院（系）教学工作评价方案。

（3）课程质量评价。开展课程合格评价和优秀课程评价，确定优秀课程的有效期及评优办法。课程质量评价包括理论课、实验课、各类实习、课程设计（论文）、毕业设计（论文）等，以此促进课程建设及课程质量。

（4）教师教学质量评价。包括对教师的教书育人、业务水平、课堂讲授、组织教学、教学效果的全面质量评价，确定教学质量优秀、良好、合格、不合格，以此促进教师课堂教学质量的提高。

（5）学生学习质量评价。主要是对学生的知识、能力水平的评价。另外还有毕业生质量评价和教学成果评选等。开展周期性教学评价的目的是改进教学、提高质量。因此，要贯彻"评建结合、以评促建、重在建设"的评价原则，制订适合本校的评价方案，组织专家组进行评价。为推动教学质量评价工作，在有必要制订奖励政策和措施同时，要注意将日常的教学质量管理与周期性教学评价有机地结合起来。

第二节　教学质量保障系统的建立与完善

教学质量保障系统是指全面提高教学质量的工作体系和运行机制。具体是以提高教学质量为中心，以培养高素质人才为目标，把教学过程的各个环节、各个部门的活动与职能合理组织起来，形成一个任务、职责、权限明确，能相互协调、相互促进的有机整体。

自20世纪70年代以来，世界各国高校为适应高等教育的内外环境变化，结合本校的实际，努力探索改进和提高教学质量的有效途径，取得了良好的效果，创造了一些举世闻名的高校教学质量保障模式，如质量保障模式、全面质量管理模式、学生发展评价模式、计划评审模式等。90年代以来，我国的一些高校在开展教学评价、总结教学质量管理经验的基础上，借鉴国外教学质量保障模式的成功经验，积极探索建立我国高等学校教学质量保障模式。例如，高校教学质量保证体系，就是借鉴国外全面质量管理的保障模式，以影响和反映教学质量的主要因素为保障内容，从教学管理系统化、规范化的高度，坚持日常教学质量管理与周期性教学质量评价相结合的工作模式。高校教学质量保障系统主要由以下子系统构成。

一、教学管理系统

教学管理体系指在高校党委和校长的领导下，以教务处为主形成的运转灵活、上通下达、有权威、高效率的教学管理系统,它是保障教学质量的基础。完善的教学管理体系应包括:指挥系统、参谋咨询系统、执行运作系统。

教学指挥系统由教学管理部门的各级领导(包括主管教学的校长、教务处长、系(教研室)主任及相应职能部门)组成,负责统一指挥全校的各项教学工作。

教学参谋咨询系统,主要由从事教学工作、有丰富经验的教师和懂得教学工作、有管理专长的教学管理人员组成,重点研究和解决教学管理工作的重大问题。

执行运作系统主要由教务处和各教学基层单位组成,其中教务处是执行运作系统的中心。

教学管理体系的运行模型可采用"环形结构",即由"主管教学的校长——教学协调管理部门——教学基层单位——教师和学生"所形成的封闭环形。教务处在充分发挥协调管理功能的同时,应及时了解有关教师的教学效果、学生学习质量的信息,不断针对教学工作中出现的问题进行研究、解决,并提供给指挥系统,以提出新的管理目标,使教学工作始终能在一个新起点和更高水平、层次上运转和发展。

二、教学条件保证系统

提高和保证教学质量,需要改进教学方法、更新教学手段,这不仅需要教师具有教学改革的积极性和热情,而且需要和谐良好的服务环境及必要的物质支撑保障,即高效优质的教学服务支持体系作基础。为此,一方面,学校的后勤服务部门和人员应进一步提高服务意识和水平,充分认识到服务工作与学校教学质量息息相关,为教师和学生提供高质量的后勤服务;另一方面,学校应千方百计改善办学条件,为教学质量的提高提供物资支持和人员保证。师资配备上,在不断提高现职教师业务水平的基础上,大力引进人才,充实教师队伍;在保证教学经费逐年增长的前提下,不断改善教学设备、设施(教室、实验室等),加强图书馆建设和信息服务能力与水平。信息时代,教师要及时了解国内外有关学科前沿和发展动态,需要互联网和相应的技术支持;今天黑板加粉笔的教学手段已经远远落后,而采用电化教学、多媒体教学等,需要计算机等高科技教学用具,需要多媒体教室、语音教室等现代化的设备设施,等等。总之,高校应加强教学辅助过程的质量管理,使教学服务支持体系能够为教学正常运转和教学改革提供优质服务和物质保证。

三、教学质量评价系统

教学工作评价是提高教学质量的重要手段之一。教学工作评价包括学校总体教学工作评价,专业、学科与课程评价,教学基本建设评价,教师教学质量评价,学生学习质量评价等。教学质量评价系统是根据所制订的目标系统,有组织、有计划地对教学质量进行检查、评价的系统。学校应成立教学质量评价专家组,其成员由学术造诣较深、有较丰富的教学经验或教学管理经验的专家组成,作为学校经常性教学评价的权威机构。要将教学评价的内容和标准作为教学管理的目标,分解落实到各职能部门,明确各机构管什么、评什么,并将评价结果与各项奖励政策挂钩,如职称的评定与晋升、教学津贴、业务进修等要与评价结果挂钩。

教学质量评价必须明确教学质量的目标,即教学质量管理工作的奋斗目标,也是质量检查与评价的标准。教学质量目标主要由以下几方面组成。

(1)建立一个能调动校内各方面积极性的全校教学质量奋斗目标。该目标应为学校每一个成员所认同,并发动全校师生员工为该目标而奋斗。

(2)建立教学全过程各主要环节质量目标。主要有招生、教学计划、课程教学、实践环节、毕业设计(论文)等质量目标,树立全过程质量意识。

(3)建立影响教学质量主要因素的质量目标。包括教师教学质量目标、学生学习质量目标和管理人员工作质量目标,树立全员教学质量意识。

(4)建立教学条件质量目标。包括教室、图书馆、运动场地、实验室、教学设备、教材、图书资料等的配备数量及质量标准,树立全面质量管理意识。

(5)建立教学管理质量目标。包括校教学管理职能部门的工作质量目标,系级教学质量管理目标及教研室教学质量管理目标,树立全校系统化管理的意识,避免头痛医头、脚痛医脚的现象。

四、教学质量信息反馈系统

在教学运行过程中,教师的教学效果、学生的学习质量及有关问题的信息,应能够通过速度快捷、反映灵敏、准确可靠的系统进行反馈。教学质量信息反馈系统就是为了全面及时地掌握教学过程各环节,以及教学活动各因素在教、学、管过程中基本状况的网络组织系统。其主要任务是提高教学管理和教学质量提供全方位的信息反馈,保障教学信息的及时性、真实性和全面性。

教学质量信息反馈系统由各种信息渠道组成。包括教师教学质量信息系统、学生教学质量信息系统、教学管理人员教学质量信息系统,分别反映教师、学生和教学管理人员对教学质量状况的评价信息和对教学工作的建议、意见。另外,高校应根据自身的具体情况,制订符合本校特点的教学质量管理制度,如教学巡视员制度、学生信息员制度、学生评教制度、中层干部听课制度、试卷分析制度等。通过上述渠道全方位、全过程检查了解全校的教学动态,掌握学生关心的热点问题,及时研究解决,改进教学工作。

另外,为了发挥教学研究对高校保证和提高教学质量的重要作用,建立教学研究工作体系是非常必要的。我国高等教育正经历着前所未有的深刻变革,随着社会的发展、科技进步,需要紧密结合教学工作开展具有实践意义的研究,比如人才培养过程中的新情况、新问题,新的教育观念,教学内容、方法、手段改革等。一所高校能够完成日常教学管理,保证教学基本正常运行,这只是低层次的工作,标志着已经有了一定的工作基础和教学环境。但是,要进一步提高教学管理水平和教学质量,就必须深入开展教学研究工作。教学研究体系的建立,一是发动和组织教学一线的广大教师和管理人员结合本职工作进行教学研究;二是设置教学研究机构和人员,专门从事教学研究工作,形成一支专兼职结合的教学研究队伍,从更高、更深层次为提高教学质量提供支持和保障。

以上几方面,构成了高校教学质量保障系统(高校教学质量监控体系)的基本框架。它们是一个有机的整体,需要相互协调和配合。只有各方面高效率、高质量运行,才能保障高校教学工作的高质量。

第三节　提高教学质量的关键措施

教学质量的提高是一个综合、复杂的系统工程,建立教学质量保障系统,加强教学质量管理是实施全面质量管理的必要措施。其中,除教学条件保障之外,下面诸方面对教学质量至关重要,必须认真抓紧、抓好。

一、转变教育思想、提高质量意识,树立全面的质量观

转变教育思想,提高质量意识是搞好教学质量管理的前提条件。首先,必须明确高等学校的根本任务是培养人才,坚持以教学工作为中心,提高教育质量是高等学校的永恒主题。其次,要树立以质量求生存、求发展的人才质量意识。这不仅关系到国家经济、科技发展和竞争力的提高,也是高校自身生存与发展的需要。再次,要更新教育观念,树立正确的质量观,用新的人才观念指导教学工作,制订教学质量标准,改革教学质量管理,探索建立教学质量保障体系,保证和提高教学质量。为此,必须坚持德、智、体全面发展的观点,树立"育人"教育观念,教育学生学会学习、做人、做事、生存,同时重视培养学生的特殊才能和创造力。要坚持知识、能力、素质融为一体的观点;坚持智力因素与非智力因素协调发展的观点。

二、必须高度重视、认真抓好教学计划的总体设计及其组织实施教学计划

必须高度重视、认真抓好教学计划的总体设计及其组织实施教学计划,是实现高等

学校人才培养目标和基本规格要求的总体设计蓝图与实施方案,是学校组织和管理教学过程的主要依据,也是对学校教学质量监控与评价的基础性文件。

教学计划管理的核心工作是精心设计人才培养蓝图。这就需要投入很大的精力,绝不能简单地视为纯事务性、例行公事性的工作。它有很强的科学性、实践性,需要以现代教育思想、教育观念及其相应理论作指导,是一项体现学术管理与行政管理相结合为特征的重要教学管理工作;需要哲学高度的理性思维和创造性;需要大量的比较教育研究和资料、经验积累,特别是必须对国内外相同或相近学科专业的改革发展动向、新的教育观、新的教学内容、教学环节、人才培养的模式等进行广泛调查,组织学校本学科专业的学术、教学带头人及有经验的骨干教师,先行研究课程结构体系。只有设计、构建一个整体优化的课程结构体系(教学计划),把人才培养的总体设计蓝图描绘清晰,才能培养出高质量的合格人才。

制订教学计划的基本原则主要有:德智体全面发展的原则,理论和实际相结合的原则,知识、能力、素质协调发展和共同提高的原则,遵循教育规律的原则,因材施教的原则,整体优化的原则。其中,整体优化是制订教学计划的重点和难点。为实现教学计划的整体优化,在遵循其他几项原则的前提下,必须整合课程,根据培养目标构建融会贯通、紧密结合、有机联系的课程体系;围绕主干学科,设置课群及主要课程,并科学地选择每门课程的内容;同时,要兼顾理论教学与实践教学的关系,课内教学与课外指导的关系,实现课程结构(体系)的总体功能及其整体优化。

三、以学科建设为基础,以课程建设为核心,大力加强专业建设

前浙江大学校长潘云鹤院士提出:"大学的声誉仰仗各学科的水平,大学的生机来源于学科活力。"因此,大学抓学科建设是天经地义,无可置疑的。但从本科教育着眼,必须同时抓好专业建设。学科建设与专业建设是密切相关的。学科建设是专业建设的前提和基础,没有雄厚实力的学科基础,专业就难上水平。一个运行良好的专业点,须要有一支阵容整齐的师资队伍,有一套科学可行的培养方案,有比较丰富完备的图书资料,有设施先进的实验室等。

专业建设必然要落实到课程建设上来。从学科建设到课程建设是专业建设关键的环节,是提高教学质量的根本途径。学校要有重点地遴选一批对学生的培养质量影响较大、受益面较宽的基础课程和专业主干课程,按照"一名好教师、一本好教材、一个好大纲、一套好题库、一个好梯队"的标准进行建设。

课程建设要根据人才培养目标的要求,围绕素质教育这个核心,搞好课程的定位,深化教学内容、教学方法和手段的改革。坚持"厚、新、精、实"的课程原则,在教学过程中体

现对学生综合能力和创新能力的培养。鼓励开设反映学科前瞻性成果的新课程,不断增加全校公共选修课程。加强现代化教育技术在教学中的应用。积极资助教师从事多媒体教学软件的研究和教学试验。同时,应将课程建设与教材建设结合起来,提高教材建设对保证教学水平和质量的重要作用。要使教材建设体现教学改革的成果,特别注意教材的质量和时效性。

搞好课程建设要做到:一方面根据教学的规律确定课程建设的规划,在统筹安排中进行有计划、有目标、分层次、分阶段的系统建设。另一方面建立课程建设评价机制,将课程建设的要求放入课程评价的过程以推进课程建设的进程;完善课程评价指标体系,做好优秀课程建设评估,加大对优秀课程的经费支持力度,并在奖励及分配上给予优惠政策。

四、采取切实有效的措施,全面提高教师队伍的素质和业务能力

教师是教学过程中的主导,是最重要的教学资源。加强教师队伍建设,提高教师综合素质和教学水平,是提高教学质量的有效措施。一个优秀的教师,除了应具有本专业、本学科较高的学术水平,还要具有良好的教学素质、高尚的师德、合理的知识结构和能力结构,而且应掌握较好的教学方法。一流的教学质量需要有一流的教师作保证。

适应当前教学改革与发展的新形势,教师队伍建设应采取以下措施:

(1)加强教师队伍的思想教育,提高教师的责任心和职业道德水平,同时,注重更新教育观念,增强质量意识。

(2)根据学科发展和专业建设的需要,有重点地引进急需的高层次人才,完善教师队伍结构,充实教师力量,使全校师生比保持一个合适的比例。

(3)加强教师的培训力度,特别要注重教师的外语培训和计算机多媒体技术培训,为进行双语教学和多媒体辅助教学创造条件。同时,按照课程体系和课程质量要求组织中青年教师进修。

(4)定期组织青年教师开展教学质量竞赛、教学观摩、优秀教案(多媒体课件)展示等,帮助青年教师尽快成长。

(5)加强教师教学状态的评估。建立规范的教学质量评价体系,较科学地评价教师的教学质量。引入竞争机制,将教师教学质量评价结果与竞争机制结合起来。

(6)制订必要的激励政策,促进教师开展教学研究和教学法的研究,积极参与教学改革的进程。

结合专业学科建设与课程建设,必须要加强教师工作管理,改进教学管理体制,形成"学科带头人、专业负责人、课程负责人(首席教师)、主讲教师"的教学岗位聘任制。这

样,责任明确,便于实施目标管理,更有利于专业(学科)建设、课程建设及教师队伍建设,调动教师从事教学的积极性,引导高水平学术带头人和学术骨干到教学第一线,使教学质量的管理与提高有可靠的人力保证。

五、切实加强学风建设,充分调动和发挥学生学习的积极性和主动性

教学过程是师生双边活动的过程,学生是学习过程中的主体。加强学风建设,培养一个良好的学风、营造勤奋求学的氛围和宽严结合的学习环境,对教学质量的提高起着至关重要的作用。

学风是学校治学传统的体现。在坚持做好教师职业道德和治学作风建设的同时,学风建设的重点是在学生的学习和生活中。学风建设重在教育、重在熏陶、重在管理。因此,应树立起全员、全方位、全程教育的观念,认真做好教书育人、管理育人和服务育人的工作;学校的治学作风,要通过课堂教学,通过严谨的规章制度、严格的管理及校内的各种活动体现出来,形成一种氛围,对学生产生潜移默化的影响。积极推行导师制,充分发挥教师在学生培养中的引导作用,培养学生良好的学风。开展优良学风建设活动,通过"管理、教育、评估、奖惩",推动学风建设。加强考风建设,严肃考试纪律,使学生养成严谨求实的学风。同时,要认真加强学生的综合素质培养,通过主课堂、第二课堂、校园文化、社会实践等方面的培养,使学生得以全面发展。抓好学生的综合测评,通过综合测评,引导学生向正确的方向发展。

加强学风建设,提高教学质量,必须处理好教与学的关系。现代教育思想,从过去以教师为中心、以课堂为中心、以教材为中心的传统教学方式,逐步转向注重学生在学习活动中作为学习主体的作用,强调把教师的主导作用和学生的主体作用结合起来。教师要加强对学生学习的指导、监控和评估,要把注意力放在指导学生分析问题、解决问题上;要改进教学方法,积极实行启发式和讨论式教学,促进学生积极思维,主动参与学习,让学生感受到知识产生和发展的过程,调动学生学习的积极性,培养学生的创新精神和科学思维习惯。同时,还要注重因材施教,鼓励学生的个性发展。

加强考试内容和考试方式的改革。考试内容要从单纯检验学生对知识的掌握程度,转变到能反映学生综合应用所学知识分析解决问题上来,并鼓励教师采取多种方式和手段进行课程的考核。积极稳妥地推进学籍管理制度改革,完善学分制,扩大学生学习的自主权和自由空间,使学生在学习中的主体作用得到更好的发挥,从而更加积极主动地学习。

六、建立健全的教学质量监控和评价体系,为提高教学质量保驾护航

教学质量监控是教学管理的重要工作环节。建立科学、规范的教学质量监控机制,是确保教学质量不断提高的重要措施,也是当前教学管理研究的热点和难点。

根据管理学原理,任何一项管理工作,其过程均由计划、组织、协调、执行、控制(监控)五项基本活动所构成。其中监控的职能在于及时准确地接收和利用各种反馈信息,当某项工作偏离了预定目标和要求时,监控系统能及时了解并做出分析,采取相应措施予以纠正。

教学质量监控的内涵十分丰富,教学管理工作的方方面面都与教学监控有关。诸如各种教学检查和评估、抓各项教学环节、进行各种专项调研工作,实际上都是一种收集教学信息、评价教学效果、实施教学过程控制的过程,这些环节都属于教学质量监控过程。其中,"监"是对教学过程与教学效果的适时监测过程;"控"是建立在科学监测基础上,通过对监测信息的分析,对教学过程实施有效控制的过程。实际上,教学质量监控具有教学监测、评价和反馈等功能,在整个教学过程中起着重要的监测与调控作用。从某种意义上说,没有健全的教学监控体系,就不会有高水平的教学管理和教学质量。

健全的教学质量监控体系,必须通过一系列有效的制度建设来规范。这些制度包括:常规性教学检查(开学初、期中、期末)制度、校(系)各项教学评估制度、领导干部听课制度、教学督导员巡视制度、学生班级信息员制度、学生评教制度、教师教学质量评价制度等。

第四节　教师教学质量评价办法及实施

在保障学校教学质量的诸多因素中,课堂教学质量是教学质量的核心。因为课堂教学是整个教学过程中的主要环节,是教师向学生传授知识能力的主要途径。在教学全过程中,课堂教学占70%以上的份额。因此,制订一套科学的、切实可行的教学质量评价方法,对保证课堂教学质量及人才培养质量具有十分重要的意义。

一、评价的目的

通过科学的评价,对教师的教学质量状况和教学水平给予合理的阶段性结论。通过评价,使教师获得综合、全面的评价信息,及时总结经验、改进教学,提高教学质量;为学校(院)领导提供加强师资队伍建设的决策信息;为教师职务聘任、晋升工资、表彰奖励和

计发酬金等提供依据。需要强调的是,对教师教学质量评价的主要目的,不是监督教师或者说是为了对教师的水平做"结论",而是为了提高和改进教师的教学水平,评价仅仅是手段而不是目的。

二、评价的原则

(1)科学性。教师教学质量评价必须客观公正、实事求是。在评价过程中一定要遵循教育教学规律,科学地制订指标体系,使评价结果能够如实地反映教师的教学现状。设立的指标要能综合地反映教师的教学质量,每一项指标必须揭示课堂教学的本质。

(2)可行性。要抓住影响教学质量的主要因素而使指标体系简单、易行,力求简化,便于评估者操作。同时,指标要便于观察和考核,尽量避免设立一些模棱两可、无客观衡量标准的指标。

(3)导向性。要把教学质量评价与促进教学结合起来。教学质量评价指标体系不仅是衡量教师教学质量的依据,也应是教师教学质量不断提高的努力方向。因此,评价指标及内涵应体现新的人才质量观念和教学理念,有利于引导教师转变教学观念,更新教学内容,改进教学方法,不断提高自身的教学水平和教学效果。

(4)全面综合性。一是采用定性评价与定量评价相结合的方法;二是将业务教学与思想教育相结合;三是将学生评价与专家评价相结合。这样,将有利于提高评价的可信度和准确性。

三、评价指标的设计

按照上述评价原则,教师教学质量评价指标由两级指标组成,一级指标有 5 项,二级指标有 25 项。其主要内容如下。

(1)教学态度:治学严谨,为人师表,平易近人,诲人不倦;遵守教学纪律,按时上下课,不随意调停课,无教学事故;备课充分认真,有书面教案,教学文件齐备并不断更新;讲课富有热情,注重激发学生的学习兴趣。

(2)教学内容:教学内容符合课程教学大纲的要求,既要注重知识的系统性,又要抓住要点,"以点带面",不追求细枝末节;理论联系实际,选例恰当,举一反三;教学内容充实,信息量大,且能反映学科最新成果和发展动态;重点突出,难度、深度适宜;介绍各种理论观点及其产生和发展过程,并进行对比分析。

(3)教学方法:条理清晰、逻辑性强;教学方法灵活多样,生动有效;善于应用现代化教学手段,能进行"双语"教学;注重启发式、研讨式教学,师生互动,引导学生参与教学并积极思考问题,注意培养学生分析、解决问题的能力和创新精神;语言生动简练、富有感染力和艺术性,中(外)文发音标准,板书规范、工整;教学进度适中,课时分配合理,能充分有效地利用课堂时间;因材施教,注重学生的个性发展。

(4)其他教学环节(组织教学):讨论课、习题课及实验(上机、听力等实践教学环节)课时达到大纲要求,效果好,布置作业分量适当,质量高,批改认真,批改量达到规定要求;能按规定及时进行辅导、答疑;能按大纲要求命题,试题可信度高,阅卷评分认真;教材选用得当,指定的阅读材料和参考资料有价值。

(5)教学效果:调动了学生学习的积极性,课堂气氛活跃,师生关系和谐、融洽,相互沟通,配合默契;学生能较好地接受并掌握教师所讲授的课程内容和该学科的学习方法,提高了对该学科(课程)的兴趣;提高了分析解决相关问题的能力;受到了良好的学风教育。具体评价方案参看"教师课堂教学质量评价表"。

教师课堂教学质量评价表

评价项目	项目分数		评价指标及标准(A)	重要性系数(Ki)	评价等级及系数				
					A	B	C	D	E
					1.0	0.8	0.6	0.4	0.2
教学态度	15	01	治学严谨,为人师表,平易近人,诲人不倦,教书育人	0.30					
		02	遵守教学纪律,按时上下课,不随意调、停课,无教学事故	0.20					
		03	备课充分认真,有书面教案、教学文件齐备并不断更新	0.30					
		04	讲课富有热情,激发学生的学习兴趣	0.20					

续表

评价项目	项目分数	评价指标及标准(A)		重要性系数(Ki)	评价等级及系数				
					A	B	C	D	E
					1.0	0.8	0.6	0.4	0.2
教学内容	25	05	教学内容符合课程大纲要求,系统准确	0.20					
		06	内容充实,信息量大,反映学科最新成果和发展动态	0.25					
		07	重点突出,难点处理得当,深度适宜	0.25					
		08	适当介绍其他理论、观点及其产生、发展过程,并进行对比	0.15					
		09	理论联系实际,举例恰当,举一反三	0.15					
教学方法	25	10	条理清晰,逻辑性强,讲解清楚、明白	0.15					
		11	教学方法灵活多样,生动有效	0.15					
		12	善于应用现代化教学手段,能进行"双语教学"	0.10					
		13	注重启发式、讨论式教学,引导学生参与教学并积极思考问题,注意培养学生分析解决问题的能力和创新精神	0.25					
		14	语言生动简练,富有艺术性和感染力,中(外)文发音标准,板书规范、工整	0.10					
		15	教学进度适中,课时分配合理,能有效地利用课堂时间	0.15					
		16	因材施教,鼓励学生提问和发表个人观点,注重学生个性发展	0.10					

续表

评价项目	项目分数		评价指标及标准(A)	重要性系数(Ki)	评价等级及系数				
					A	B	C	D	E
					1.0	0.8	0.6	0.4	0.2
其他教学环节	15	17	讨论课、习题课及实验(上机、听力等实践性教学环节)课时达到大纲要求、效果好	0.20(0.25)					
		18	布置作业分量适当,质量高,批改认真,批改量达到规定要求	0.25(0.30)					
		19	能按规定及时、认真地辅导、答疑	0.25(0.30)					
		20	按课程大纲要求命题,试题可信度高,阅卷、评分认真	0.20(0)					
		21	教材选用得当,指定的参考书和阅读材料适合课堂教学或自学	0.10(0.15)					
教学效果	20	22	调动了学生学习的积极性,课堂气氛活跃,师生关系和谐、融洽,相互沟通,配合默契	0.35					
		23	学生能较好地掌握课堂讲授内容和该学科的学习方式,提高了对该学科的兴趣	0.35					
		24	提高了分析、解决相关问题的能力	0.20					
		25	受到了良好的学风教育和科学思想方法的教育	0.10					

注:①表中各评价指标等级分为五级,分别表示 A-优秀,D-良好,C-一般,D-较差,E-差。表中只给出了优秀评价标准。其他各等级标准按优秀-差掌握。②尚未进行考核环节的课程,"其他教学环节"各指标的重要性系数按括号内的计算。③专家(领导)在评价时,部分指标需查看教师讲稿(教案)、学生作业、试卷或征求学生意见。④各评价指标的权重值为 N.Ki。⑤请评价者在相应的评价等级上划"V"。

四、评价方法与步骤

（1）本方案的评价对象是所有授课的教师（主要是课堂教学的教师）。实验课及体育课教师的教学质量评价方案可比照本方案制订,另外单独进行。

（2）教师教学质量评估每学期期中或期末课程考试前进行一次（或每年进行一次）。学校应成立教学质量评估领导小组,各系也要成立相应的工作小组,负责组织协调、落实评价工作。各有关部门要做好宣传工作,使广大师生统一思想、提高认进一步明确此项工作的重要性和必要性。要求学生和其他参与评估的人员严肃认真,以高度负责的精神对教师教学质量进行评估,以保证评价结果的客观、公正、合理。

（3）每个教师的教学质量评价由学生评价和专家评价（领导和督导组评价）两部分组成,其中,学生评价权重占60%,专家评价权重占40%。其原因,学生是教学活动的主体,他们参与了教学活动的全过程,因此,教师教学质量的好坏,学生最有发言权,相对也比较客观、公正。但限于学生的认识能力和知识水平,一些质量指标的认定应由专家评价更科学、合理。教师自评及所在单位的评价虽有一定的参考价值,但为避免单位（个人）倾向性和本位主义之嫌疑,不宜直接参与综合评价。

（4）对不同的评价项目及评价指标分别赋予不同的分值（或权重、系数）,体现了方案制订者的质量观念和意向,其科学性和合理性需在实践中进行验证和完善。

（5）学生评价以课程教学班级为单位,由教务处派人协同系教学秘书（班主任）组织学生对任课教师进行评价,准确地填涂评估卡,汇总至教务处进行统计。专家评价以督导评价为主,结合各级领导听课检查结果进行综合评定。校督导组分若干学科组对任课教师进行现场听课评价（对部分指标需查阅教师讲稿、学生作业、试卷或征求学生意见）,并填涂评估卡,汇总至教务处。学生评价由学生所在系里负责组织,专家评价主要由教务处负责,教师所在系协助进行。

（6）评价结果计算方法。

教师教学质量综合评分（V）的计算公式为:

$$V = 0.6V_x + 0.4V_z$$

V_x:学生评价平均分;V_z:专家评价平均分。

M-参与评价的有效学生人数。

K_i-某项指标的重要性系数。

S_i-某项指标的评价等级系数。

N-该项指标对应所在项目的分数。

V_z 的计算办法同 V_x,只是其中 M 为参与评价某教师的专家人数。

（7）评价等级的认定：

按综合评价得分，教师教学质量评价等级分为优秀、良好、合格（一般）、不合格（差）四个等级。其对应分值为：

优秀：$V \geqslant 90$；良好：$90 > V \geqslant 80$；合格：$80 > V \geqslant 60$；不合格：$V < 60$

（8）数据处理。

教务处对汇总的评估卡进行人工统计的工作量非常大。因此，应购置光标阅读机读取评估信息，研制微机评价系统进行数据统计、归类，自动将统计结果按总分和课程排出名次。评价结果中包括：每人各项评价指标得分，全校平均状况和本单位状况，本人综合得分及所在位次等。教务处存储所有资料并接受咨询，评价结果根据需要向有关部门提供。

五、教师教学质量评价结果的应用

教学质量评价的最终目的是为了提高教学质量。因此，要增大评价结果的透明度。整体评价结果不宜对全校公开，但对每个教师个人的评价结果，要以适当的方式反馈给老师本人，以促进其改进教学。同时应将评价结果装入教师本人业务档案，有效期两年。

教务处应根据统计结果写出教师教学质量评价分析报告，提交校领导及有关部门，作为教师评优、晋升职称、考核的主要依据之一。

为了发挥教师教学质量评价的效能，促使教师把更多的精力投入教学中，更加重视教学质量的提高，学校应规定：凡是教师申报高一级教师系列专业技术职务的，必须经过教师教学质量评价，否则取消其申报资格。凡获得教学质量优秀的教师，应优先晋升和聘任专业技术职务。评价不合格的，不具备晋升和聘任教师专业技术职务的资格，应停课进修提高；经教育和停课进修仍无提高者，应调离教学岗位。另外，对评为教学质量优秀的教师，学校应颁发荣誉证书和奖金，并可考虑在课时酬金上给予较高待遇，以鼓励和调动优秀教师教学的积极性，保证课堂教学的良性循环。

教师教学质量评价只是质量监控与评价系统中的一个子系统。高校教学质量的保证，不可能靠一种办法完成，它本身尚有一定的局限性，如评价方案的设计及平价过程中不可避免的人为因素影响；评价方案难以完全体现不同课程类型对教学的特殊要求，对课堂教学及理论教学的监控重视，对实践教学及其他教学环节和过程缺乏监控；对教师教学活动监控严格，而对学生学习情况的监控及学生的素质、能力考核不足，等等。因此，需要依靠多种评价办法来形成整体上的综合效应。

教学质量的管理和评价是高校教学管理的热点和难点问题。只有积极探索，勇于实践，不断完善教学质量监控和评价办法，实施严格规范、有效的教学质量管理，才能真正达到提高教学质量的目的。

第十二章 教学运行与管理实务

第一节 总则

高等学校的根本任务是培养社会主义建设所需要的合格人才。教学工作是学校经常性的中心工作,它的核心是人才培养、学科建设、课程改革、教学管理。教学管理在高等学校管理中占有特别重要的地位。

在教学工作及教学管理中,教学运行工作及管理是按教学计划实施对学生培养的最核心、最重要的部分,它包括以教师为主导、以学生为主体的教学过程及其组织管理和以校、系教学管理部门为主体的教学行政管理。教学运行工作及管理是教学与管理的结合部,是学校教育和学生成长的"大动脉"。

许多高等学校教学管理工作经验告诉我们,在教学工作及管理中,要突出"三基",即从组织上注意抓基层,从工作上注意抓基本建设,从标准上首先强调全体教师、全部教学活动、全部管理过程都要达到教学基本要求。抓住"三基",持之以恒,才能形成坚实的教学管理工作基础,形成人人关心教学,自觉按基本要求施教,主动改进与改革教学,互帮互学,力争集体优秀的良好教学氛围,教学质量才能有可靠保证和稳步提高。因此可以说,教学运行工作及管理的基础和重点在基层,在系、教研室;搞好教学运行工作及管理的主力军是教师、教研室主任、教学系主任和教学秘书。基层和主力军的工作层次、水平、质量、效率的高低,成果的大小,与教学运行工作及管理质量的优劣关系极大。

在总结一些高等学校教学运行及管理经验的基础上,研究编制了本《教学运行与管理实务》。

本《实务》研究编制的指导思想是:以提高教师和教学管理者的教育质量意识和现代化教育管理水平为出发点,以教育、教学及管理的科学理论为指导,以能体现出科学管理、行政管理、经验管理相结合最佳的管理模式;理论性、实践性、群众性相结合的结构体系;引导性、规范性、时间性强的精炼内容为特色,依据建国以来我国高等学校教学工作及管理行之有效的经验和 21 世纪对高等学校教学管理的发展要求,确定教学运行工作及管理的最基本内容和规定性、操作性要求,突出系、教研室主任、教学系主任、教学秘书这四种工作岗位的学年(学期)不同时间阶段,从而形成以"人"轴(岗位)和时间轴为坐标系的教学运行工作网络,从而有利于他们做到"人"皆有知、"人"皆互知,协同做好教学运行工作。同时又为研究开放式教学管理组织结构的空间组成和时间组成提供一个基础。

《实务》把各种保证教学稳定运行的最基本的、必不可少的工作内容及要求,提示给教师及从事教学管理工作的各级管理干部,使他们的教学与管理工作有章可循,从而使教学运行工作网络的每个节点,体现人员到位、职责到位、时间到位、这还将会使系与学校的教学管理工作实现对位衔接,做到工作职责分清、工作关系理顺、工作机制合理、工作渠道畅通。这样才能实现教学工作稳定的、动态的运行状态,形成全校与系的良好教学环境。

在应用本《实务》时须注意以下几点:

(1)本《实务》有四位主人公(教师、教研室主任、教学系主任、教学秘书),每位主人公所从事的教学或管理工作各归纳为三个方面,突出他的岗位工作(如教师主要是教学,而教研室主任、教学系主任、教学秘书则侧重于管理)。编写时,先将该主人公在学年第一学期所做的三方面工作分别对应学期的四个教学工作阶段加以规定性、提示性阐述,而其在学年第二学期所做工作,由于与第一学期工作有许多相同之处,故仅做补充性提示,以避免不必要的重复。

(2)每个主人公的岗位工作,不是按"岗位职责制"的简要阐述方法,而是提示他"该做什么,做到什么"的规定性、操作性写法,但把握点到为止的原则,没有过多去阐述"为什么"和"工作标准","该做什么,做到什么"的具体要求在其他教学管理文件中体现。

(3)关于每个学期四个工作阶段划分,应理解为是在时间域上的大体区分。每个阶段中所提示的工作,是按通常理解的大体工作时段(或者说大多学校是在那个时段做这件事的)加以定位。因此对工作阶段的理解应是没有准确上下时限的。如在"开学准备阶段",从工作意义上规定了开学前应做的各项工作;但从完成这些工作的时域上讲,它可能不仅指寒、暑假那一段时间。

(4)教务处的职能范围较广,教学运行工作及管理只是其职能的一部分,由于工作涉及面广、人员多、层次多,以"人"为主线加以确认工作,所以在本《实务》中没有具体体现。教务处工作的着眼点应在于更全面地理解和贯彻《实务》,教务处所有工作人员必须充分了解和理解《实务》内容,才能更谦逊、更平等地与基层单位、教师及管理人员去共同讨论、共同协商做好所涉及的教学及其管理工作,才能提高工作效率和效益。

第二节　教师

教师是人类文化的传递者和智慧的启迪者,教师是人类心灵的工程师。教师是国家教育方针的具体执行者和高校培养目标的实施者。

教师的劳动是一种富于创造性的复杂劳动,它具有创造性、长期性、示范性、主导性的特点。

教师在教学运行工作中的主要职责是教书育人:在各项具体教学工作中,按照教育规律教学,贯彻因材施教、理论联系实际、教师主导作用与学生主动性相结合等原则,注重素质教育、注重创新精神与创造能力培养、注重良好个性发展和选拔培养优秀学生。关心学生的全面成长,结合教学过程对学生进行马列主义、毛泽东思想、邓小平理论的教育,指导学生树立正确的世界观、人生观、价值观,学会做人、学会学习、学会做事,培养学生的良好学风和科学作风。教师有义务兼任并做好学生工作。

教师应具有教学研究的意识和参与教学改革的责任感。关心当前教学改革与教学研究的热、重点和难点问题;了解教学改革及相关学科教学的发展趋势;紧密结合自己的教学实际艰辛地投入教学研究及教学改革,以提高教学水平、管理育人水平和教学质量。

教师应具有质量与效益意识。熟悉并遵守学校各项教学规章制度,保证教学工作正常有序进行,防止教学事故。

教师在教学运行工作及管理中的任务,可以集中概括为三个方面,即课堂教学、实践教学其他工作。本节将分为学年第一学期、学年第二学期两部分,首先按教师在学年第一学期所做三方面工作分别对学期的四个教学工作阶段加以规定性、提示性阐述,而教师在学年第二学期所做工作,仅做补充性提示。

第一学期

一、课堂教学

教学是学校(教师)的经常性中心工作,课堂是教学活动的主要场所。课堂教学在教学中占有十分重要的地位,是教师向学生传授知识的主要途径。随着教学改革的不断深入,传统的教学模式将发生变革。任课教师在认真钻研教学大纲,备好课,组织好课堂讲授、辅导答疑、成绩考核等项工作外,还要努力开展教学研究,不断更新教学内容,要把最新的科学技术成果充实到教学当中,注意提炼基础性内容,加强课程之间的有机联系,促成课程的整体优化;要不断研究和改进教学方法,大力提倡"讲思路、讲方法、讲要点",注重师生之间的交流,给学生充分的自学和练习时间,使其积极参与教学过程,充分发挥学生学习的主体作用;要积极采用现代教育技术和更为科学、先进的教学手段,加大课堂信息量。通过教学内容、方法、手段的改革,不断提高课堂教学质量。

辅导教师要在主讲教师指导下,承担某些教学环节的教学任务并密切地做好协调主讲教师的辅助工作。

(一)开学准备阶段

(1)到教师所在系办公室领取学校教务处下达的下学期教学任务通知单、授课班级的学生名册和《点名记分册》。

(2)熟悉并掌握本课程的教学大纲,明确课程教育目标、内容范围、教学基本要求和教学法等。

(3)阅读授课专业教学计划,明确所授课程在教学计划中的地位、作用;通过阅读相关课程教学大纲,了解本课程与前修、后续课程的关系;按专业需要思考和设计教学内容及辅助环节教案。

(4)拟定《教学日历》并按规定的份数送系里存档备查,并向授课学生班级公布。

(5)认真钻研所用教材和教学参考资料,并预做习题及作业。

(6)按学校规定写出课程讲稿(一般为三分之二以上)。

(7)检查教学用品的准备情况。如果教学中要应用 CAI 课件或有上机(教学录像)安排,需在开学前与机房或电教中心协商,安排好时间。

(8)了解授课学生班的基本情况,如专业特点、学生素质及学习、思想状况等。

(9)了解学生班教材准备情况,检查、督促并保证课前到堂率100%。

(10)确定教学改革试点计划。凡在教学内容与方法方面有较大改革者,应向系、教务处申报,得到指导、同意,并争取更好一些的条件,以便推进教改。

(11)查看教室条件,熟悉授课环境。

(12)做好开学初的学生补考准备工作。

(13)向所在教研室、课程组汇报开学前准备工作情况。

(二)开学阶段

(1)按校、系里规定时间,用上学期期末考试时拟定的另一份考卷,组织学生补考,进行阅卷、成绩评定,并将考试成绩报系办公室。

(2)主动配合校、系里做好新生的入学教育和假期后返校学生的思想工作。

(3)在新开课程教学中:

①主动与班主任、班长联系确认课代表;注意收集了解学生对课程学习的想法和建议。

②对学生进行摸底测试。根据本课程的深度和所用知识,拟定试卷或口头提问方式,对学生进行调查,了解学生先修课掌握情况。

③上好第一堂课。向学生讲明本课程在专业教学计划中的地位、与相关课程的关系;本课程的教学内容、教学环节和教学方法以及学习本课程的要求;介绍一批教学参考书指导学生选阅;介绍本课程学习方法以及学习中应注意的问题;进行学风教育。明确辅导答疑方式、时间、地点。

④申明课堂纪律和考勤制度,强调既要有活跃的课堂讨论,又要有良好的教学秩序。

⑤积极采用现代化教学手段。使用前应预先检查教室有关设备是否完好,并通知设备保管人员在课前做好相应准备。

⑥在开学初的几次讲授后,应采用不同方式主动与学生进行交流,了解学生们的学习状况,及时改进教学预案、进度和方法。

(4)在延续性课程教学中:

①检查学生对已学过的教学内容复习掌握的程度。

②简要总结上学期的学习内容,提出本学期的学习要求。

(三)稳定教学及管理阶段

(1)严格按照教学大纲及其教学质量规范要求和教学日历进程,精心组织教学。未经系主任同意,不得随意变动讲授内容及安排。

(2)每节课前均应写好教案(课时计划)备好课,主要是思考如何运用恰当的教学方法和教学手段;贯通教学内容,调动学生思维,组织好课堂讨论或习题课;提示重点难点,检测教学效果,安排课下练习等,并为此做好一切准备工作。

(3)开展教学研究,钻研讲授艺术。调查国内外同类课程或改革发展动态,探讨教学思想、观念、内容、方法等改革方案及措施,改进提高教学质量,建设优秀课程。

(4)辅导教师必须随班听课、按照教学进度,了解学生学习情况,配合主讲教师做好教学工作。

(5)辅导教师也要认真备课,做好辅导、答疑工作。根据学校实际情况,主讲教师也可参加部分课外指导工作;未配辅导教师的主讲教师要做好课外指导工作。

(6)认真按时批改和检查学生课外作业。全校性基础课、技术基础课的作业必须全批、全改,每周批改次数按课程情况及学校规定执行。对学生平时作业情况必须记录在点名记分册上,对缺交、迟交的应及时通知学生本人和学生所在系(班主任、教学系主任)。

(7)主讲教师负有对学生听课考勤和维护课堂秩序的责任,方式方法由教师自定。对无故缺课、迟到、早退和不遵守课堂纪律的学生应及时批评教育,并通报学生所在系。

(8)注重阶段性教学的自检。经常听取系室领导、班主任、学生对教学效果的反映。学时较多(如70学时以上)的课程一般应进行期中测验。

(9)贯彻因材施教的原则,引导优秀生增加学习内容的广度和深度。加强对后进生的指导。

(10)教师不能擅自调、停课和私自请人代课。教师因故需要调课(调教室、调上课时间、调实验课时间等)、停课或拟请其他教师代课,均应在三天以前向系办公室索取调课(代课)申请单,填好后需经系主任批准,送达教务处,由教务处审核并协助调整时间、地点。下发调、停课(代课)通知单给学生所在系,并通知到全班学生,调、停、代课方能生效。

(11)配合校、系里做好期中教学检查工作,对检查中所发现的有关自己的教学问题,及时改进。

(12)提出下学期课程选用教材的建议,系汇总后报教务处。

(13)新开课或开新课教师在系教研室组织下进行试讲,并经主管部门批准取得资格后为下学期开课做好准备。

(四)期末阶段

(1)严格按照教学大纲要求,完成规定的教学内容讲授。不允许削减教学内容和擅自提前或拖延教学进度。

(2)组织好学生的期末总复习,安排好辅导答疑的具体时间、地点。

①根据课程教学大纲要求及教学实施情况,由教学小组讨论,从试题库或由专人拟出A、B两套试卷,并经教研室主任审定。原则上试卷题目在四届之内不得有重复。试卷(题)一经确定,有关人员不得以任何方式泄漏。泄漏试题(卷)属重大教学事故,要给予当事人纪律处分。

②在规定时间内将试卷送到教务处安排制卷,如需打印,其试卷校对由教研室指派教师认真进行,保证试卷内容及其打印中不出现错误。

③根据平时完成作业、课堂讨论、回答问题等情况评估学生掌握知识、技能、具备相应能力的水平,给出该课程学生平时成绩。同时按学校规定审查确定不能参加期末课程考核的学生名单并通知学生所在系,由系抄送至教务处。

④认真负责参加考试监考工作。主考教师要提前20分钟进入考场,做好考前准备

工作;严格按照监考人员的有关规定,履行考场职责,创设不能作弊的考试环境,维护考场纪律。

⑤在教研室或系的统一组织下,认真做好评阅试卷工作,严格按评分标准评分,登录课程考试成绩单后应予复核无误。

⑥主讲教师负责或参加教研室组织的学生课程考核成绩(考试加平时)评定,并报教研室主任与系主任审阅后,方可将班级成绩单和补考学生名单,在课程考试后三日内送达学生所在系办公室。教师不得向学生公布考核成绩。

⑦考卷应在教研室或系保存至少一年。不经教务处批准,不允许任何人以任何理由查阅考卷。

(3)进行考试结果的分析与评价,做好考试工作总结。

①收集、整理考试结果(原始分数),进行试题分析(项目分析)和试卷分析(整体分析),对试题难度、区分度和试卷的成绩分布统计、试卷难度、集中量、差异数、区分度、信度等做出分析、评价,以科学的态度检测教学效果,提供改进教学的依据。

②通过讨论等方式,做好定性与定量相结合的考试总结和交流。

(4)课程授课结束后,应做好教学工作全面总结,并向系、教研室汇报,报教务处备案。课程教学总结应作为资料保存。

(5)辅导教师要在课程教学结束后进行课程辅导小结,整理典型例题及学生作业出现的各种错误成因分析,汇集题解和学生所提疑难问题,由主讲教师和系、室审核,列入教学资料保存。

二、实践教学

实践教学是完成对学生知识传授、技能训练、能力培养、素质教育的综合性教学环节,它对调动大学生的学习积极性,培养学生创新精神与创造能力,发展学生的智力因素、非智力因素和优秀品格,都具有十分重要的意义。

实践教学的组织形式主要有:实验、实习、课程设计(学年论文)、毕业设计(毕业论文)及社会实践等。

在实践教学中,教师要依据教学大纲的要求和计划安排,认真组织好实践教学各阶段的教学实施工作。要根据实践教学的各项规章制度,对学生严格要求,严把质量关,要结合新时期对人才培养模式的要求,努力探索实践教学的新内容、新方法和新途径,积极创造条件,尽可能为学生提供更多的实际锻炼机会。要把实践教学的重点放在培养学生严谨的科学态度、踏实的工作作风,理论联系实际,解决实际问题的能力和创新意识,提高大学生的综合素质上面。实践教学必须在教研室(实验室、研究室)主任统一组织下,将从事实践教学的任课或指导教师、研究人员、实验(工程)技术人员、管理人员和工人明确分工,做到各尽其职,团结协作,共同积极完成各项教学任务。

(一)开学准备阶段

1.实验课

实验教学,是按照教学计划,让学生在一定环境和条件下进行科学的观察和研究的过程,它不仅是使学生巩固和验证所学理论知识,受到实验方法训练的一个重要环节,而且主要是在教师指导下,让学生学会自己摄取知识,掌握技能,培养独立思考、自己解决问题的能力,尤其是培养实验设计、创新思维和创造能力,以及勇于探索的科学精神和严肃、严谨、严格的科学作风的重要途径。

(1)熟悉实验教学大纲,了解实验在专业教学计划中的地位、作用、目的和要求。

(2)根据实验教学大纲,编写或选定实验课教材,编写实验指导书,明确实验目的、要求与实验内容。

(3)指导教师要进行实验预(试)做。保证数据可靠和实验结果的可靠性;排除"硬件"问题,准备提问、引导的"软件"问题。首次参加指导的教师要写预做实验报告。

(4)课程主讲教师应参加部分实验指导及其准备工作。

(5)准备好实验所用仪器设备及各种物品,努力开出设计性、综合性实验。

(6)按学期教学所需,备齐学生班所需实验指导书。

2.课程设计

课程设计(学年论文)的主要任务是在教师指导下,学生运用学过的一门或几门课程的知识、技术,处理好各种因素的相互关系,创造性地完成符合生产(社会)实际要求的设计(研究)任务,它是培养工程(社会)意识,加强各种专业技能和能力培养,初步培养设计创新能力和科学研究能力的必要教学环节。

(1)在教研室组织下征集、审定教师或学生自己所提出的课题。

(2)根据学生的特长、能力、兴趣,指导他们选定自己的课题。一般应于课程设计(学年论文)开始前一个月布置给学生。

(3)准备题目所需各种资料,编写简要的资料目录。

(4)对新的题目要预先试做,并做好各种准备工作。

(5)准备开学初下达的设计任务书和草拟进程计划。

(6)向有关管理部门提出课程设计所需教室或设计室(大小、灯光、窗帘、电源)、图板、电化教学手段等要求。

3.实习(教学实习、生产实习)

实习是高等学校理论联系实际的重要教学环节和教学形式。高等学校多数专业都要组织学生到现场从事一定的实际工作,使他们得到一种实际体验,获得有关的实际知识和技能,加深理论知识,学会运用知识解决实际问题,提高实际操作能力和独立工作能力,树立从实际出发,为社会为人民服务的工作意识和作风。

高等学校学生在现场的实习,分为教学实习和生产实习两类。教学实习是根据一门或几门性质相近的课程的教学大纲要求,以加深认识,促进理论与实际相结合,从事实际工作或操作,培养锻炼基本技能为主要目的教学过程和教学阶段,故又称"课程实习"或"认识实习"。如工科专业学生的金工实习、电工实习、装配实习、拆装实习;法学专业的模拟法庭活动等。生产实习是在生产过程中,按生产体系学习实际知识和技能,达到专业知识和生产实际相结合的综合性教学过程和教学阶段,如工科专业学生的工艺实习等。

(1)按专业教学计划要求,提前(至少半年)去实习基地熟悉工作与教育环境,取得指导实习的经验;同时与基地或实习单位领导部门研究如何充分利用实习基地的设备、专业技术人员和环境条件组织实施好实习工作,争取到学生能实际参与的工作项目与机会,妥善协商实习进程,并安排好食宿、交通等生活事宜,共同商定实习计划。

(2)根据实习内容、时间及学生人数,编排实习实施计划,准备好实习指导书等必要的指导文件和技术资料、安全保密教育资料。

(3)若实习安排在寒、暑假的实践教学学期(周)期间进行的,教师应按有关规定及安排,投入实习准备与指导工作。

(二)开学阶段

1.实验

(1)讲好实验第一节课:讲清实验课目的、任务,介绍实验室(场所)的环境条件,介绍实验课教学进程计划(日历),讲明实验的教学设备、仪器使用规定、安全等各项要求。

(2)需要按学生已具备的知识、技能水平分级教学的,应在开学初进行简要水平测试。根据测试结果分班(组),根据分班(组)人数、水平状况,调整实验安排计划。

2.课程设计(学年论文)

(1)提前检查课程设计(学年论文)的各项条件准备情况。

(2)在讲清课程设计(学年论文)的目的、任务的基础上,进一步讲解设计(论文)题目及设计任务书。指导学生拟订进程计划或开题报告,安排设计(论文)的各阶段任务。

3.实习

参加由系里召开的动员会:

（1）公布实习的临时领导建制和管理办法。实习领导小组一般由指导教师全面负责。

（2）讲述实习教学大纲,公布实习计划和实习指导书,提出需要查阅、学习的文件、技术资料。

（3）进行与实习内容有关的职业道德教育、行规教育、安全保密教育、遵纪守法教育。

（三）稳定教学及管理阶段

1.实验

（1）指导学生预习实验教材和熟悉有关实验装置,要求写出预习提纲或实验方案及记录格式。通过检查质疑,确认学生没有事先预习或准备不足的,应暂缓其参加实验。

（2）对学生独立进行操作的实验,要指导学生正确安装、使用仪器设备,在认真检查合格后方可独立进行操作。

（3）采取适当方式检查实验结果,批改全部学生的实验报告。对不符合要求的报告(如马虎潦草、数据不全、运算有误以及抄袭等情况)应退回重写甚至重做。

（4）经常检查仪器设备的使用情况,发现问题及时维修处理,保证每一次实验的设备完好率、辅助工具及药剂等的保障率。

（5）主动与主讲教师联系,反映学生在实验中所暴露出的基础理论知识的薄弱环节。

（6）鼓励并指导学生利用实验室开放等条件,自己设计实验项目,或选做设计性、综合性实验。

2.课程设计(学年论文)

（1）检查学生设计(论文)任务进展情况,并对学生进行考查。

（2）按规定时间对学生进行设计(论文)的指导、提问、答疑。

（3）设计(论文)结束时,批改学生的设计说明书(学年论文)并评定成绩。

（4）指导学生做好课程设计(学年论文)总结。

（5）做好课程设计(学年设计)教学总结;整理归纳教学资料。

3.实习

（1）认真执行实习计划,随时掌握学生实习进展情况和思想状况,解答学生在实习中遇到的疑难问题,取得实习所在单位领导的理解支持和专业技术人员的指导,关心学生的思想教育和实习总结。

（2）严格遵守实习单位的有关规定,严格考勤,发现问题及时加以改进,遇重大问题及时向系和学校汇报。

（四）期末阶段

1.实验

（1）依据全面实验情况,综合评定学生实验成绩。没有独立的实验课成绩应纳入课程期末总成绩中。

（2）检查管理、调试所有使用过的仪器设备,使之处于良好状态。

（3）对学期实验进行小结。研究提出改进或创设新的实验项目及其设备、改革实验教学方法与考核方法、开设实验选修项目、开放实验室等方面的建议。

2.实习

（1）实习结束前夕,主动向实习单位领导汇报实习教学工作有关情况,听取单位领导的意见。

（2）审阅学生的实习报告,考核学生的实习成绩。

（3）做好实习的书面实习总结,并向教研室和系做汇报,报教务处备案。

注:凡短期集中安排实习或课程设计的,阶段工作要求上应有相应调整。

三、其他工作

教师除承担理论课程和实践教学任务外,还应积极主动参加有益教学运行的教学基本建设工作;教育科学研究和教学法研究的活动;有利于新教师成长的传、帮、带、推工作;学生班主任及导师工作等。这些工作都有利于在各项集体活动中得到锻炼,协调人际关系,提高自己的全面素质和集体的整体水平。

（一）开学准备阶段

（1）教师要与教研室、系办公室联系,明确下一学期除所承担的本科教学任务外的其他工作任务。

（2）按校、系教材建设规划,编写有特色的新教材。

（3）积极准备开设高起点的新选修课,充实新的研究成果,提供新的思维方法,以开阔学生的学科视野,拓宽学生的知识领域。

（4）认真参加教研室组织的新教师(或新开课教师)试讲工作。

（5）担负培养新教师责任的老教师主动传授经验,指导新教师写好课程讲稿、教学日历以及教案。

（6）承担各课程教学任务的各位任课教师要通过集体备课相互协调、交流,为下学期开课的任课教师出谋划策。

（7）首次担任班主任工作的教师,应向教学秘书、前任班主任、系主任了解所任班学生的有关情况。

（二）开学阶段

（1）班主任、辅导员要深入到学生班中,了解学生假期及返校情况,包括注册人数、学习生活及思想状况等,指导学生做好开学前的各项准备工作。

（2）按教研室安排,老教师参与检查新开课或开新课教师的讲课情况。

（3）协助系里做好迎接新生及入校教育、专业教育等有关工作。

（4）班主任要协同组织好学生的军事训练。

（三）稳定教学及管理阶段

（1）选听其他教师的课程,积极参加教学观摩活动。

（2）始终注重教育思想、教学内容与教学方法的改革,提出改革的建议或举措,积极申报校、系教学改革立项课题项目,参加有组织、有计划、有目的的教学研究工作。

（3）班主任、导师要积极主动指导学生开展课外科技发明、知识竞赛、辩论会、研讨会、文体比赛、社会调查等第二课堂活动。

（4）承担外语、计算机课程的任课教师,要注意分析各类考试或等级考试结果,总结教学经验,提出改进教学的建议。

（四）期末阶段

（1）班主任要指导学生科学地安排期末总复习,迎接考试。

（2）教师要分别向系、教研室或职能部门汇报教学工作及教改立项研究的进展情况。

（3）撰写教学研究论文。

（4）积极参加相关学术会议和教学研究活动。

第二学期

教师在学年第二学期（2~7月）的教学工作由于与第一学期有许多相似之处,故不再分别作重复性阐述,而只是把有别于第一学期的一些规律性教学相关工作加以提示。

毕业设计（毕业论文）是高等学校在学年第二学期的一项主要教学工作,组织好这项教学工作对提高毕业生质量意义重大。

毕业设计（毕业论文）是大学生专业学习的综合运用和总结性作业,是在校学习过程的最后阶段和质量总检验,也是作为工程师或科学研究工作者独立工作的开始。这个教学环节的主要目的是培养学生运用所学的全部专业知识和技术,独立地解决实际问题的能力,做出具有创造性的成果。

毕业设计(毕业论文)质量取决于指导教师的精心准备、认真指导和学生的全身心投入,指导教师应为此做诸多相应工作。

一、实践教学

(一)开学准备阶段

(1)指导教师要了解毕业设计(论文)在专业教学计划中的地位、作用及要求;基本掌握毕业设计(论文)工作中所涉及的中外文献资料情况和关键的实验操作技术。

(2)要在系、教研室组织下,依据毕业设计(论文)大纲要求,精心选编设计(论文)题目及资料目录,并在设计(论文)开始前两个月告知学生本人。

(3)在学生开始毕业设计(论文)工作半个月前,拟出毕业设计(论文)任务书,确定参考文献,制订具体工作计划,完善物质条件的各项准备工作,毕业设计(论文)任务书,需经教研室主任审定。

(4)熟悉学校、系有关毕业设计(论文)的各项规定。

(二)开学阶段

(1)对学生进行毕业设计(论文)开题教育。包括下达毕业设计(论文)任务书,提出具体要求及安排,进行保密、安全和工作作风教育等。公布考勤制度及办法。

(2)下发给学生的毕业设计(论文)任务书需按学校统一格式。任务书一经下达原则上不得变动,如确需改变的,必须经系(教研室)主任批准,并在任务书上注明。

(3)给学生布置毕业设计(论文)的前期调研与查阅资料工作,如翻译规定数量的外文资料等。

(4)指导学生拟定毕业设计(论文)进度计划。

(5)指导学生撰写文献综述。

(6)指导学生独立拟定实验方案,论证方案可行性并制订进度计划,做开题报告。

(三)制订教学及管理阶段

(1)指导教师每周至少两次同学生见面,检查毕业设计(论文)进度和质量,尤其是实验情况(包括安全)、实验记录和实验进度,及时发现问题,进行有效的指导,并对学生进行考勤。对反映出跨学科的特殊问题,还应为学生介绍有关教师进行答疑。

（2）指导学生正确绘图，编制计算机程序，正确运用现代教育技术。

（3）向所在系、教研室汇报指导学生进行毕业设计（论文）的进展情况。

（四）期末阶段

（1）指导教师要指导学生正确撰写毕业设计（论文）。

（2）指导教师对被指导学生的毕业设计（论文）进行认真审查，并写出学术性评语（评分）。

（3）作为答辩委员会聘请的评阅人，要认真仔细地评阅学生的毕业设计（论文）并写出评语（评分）。

（4）指导教师和评阅人要在学生答辩前两天，将学生的毕业设计（论文）退还给学生，以便学生做好毕业设计（论文）答辩准备工作（拟出发言提纲等）。

（5）指导教师向答辩委员会介绍学生毕业设计（论文）课题的任务、要求、完成情况、质量及应用价值、有争议的问题等。提出学生毕业设计（论文）的成绩，供答辩委员会综合评分。

（6）根据系毕业答辩委员会的安排，参加学生毕业答辩工作。

（7）总结所承担的毕业设计（论文）指导工作，提高指导水平。

（8）按学校的有关规定配合做好学生的毕业设计（论文）归档工作。

二、其他工作制订教学及管理阶段

（1）班主任要协助指导教师做好学生毕业设计（论文）教学工作，关心学生的思想和生活。

（2）班主任、导师协助系领导做好推荐免试研究生工作。

期末阶段

（1）班主任要协同，做好学生班的奖学金评定。

（2）班主任要协助有关职能部门，做好毕业班学生求职指导与分配工作。

（3）班主任要按学校、系有关安排协同做好毕业学生离校前的各项工作。

第三节　教研室主任

教研室是按学科、专业或课程（群）设置的教学科研组织。作为教学基层组织，其主要职能是:遵循学校教学工作指导思想,完成校、系所赋予的教学计划所规定的课程及教学环节的教学任务;组织开展教学研究、科研工作和学术活动;组织师资的培养工作及提出补充、调整的建议,分配教师的工作任务;加强所属实验室、资料室的基本建设等。教研室的中心任务是搞好教学和科研,并通过有节奏的开展教学改革,不断提高教学质量和学术水平。教研室实行岗位责任制。

教研室主任是教研室教学与科研工作的组织者和带头人,在系主任领导下,全面负责教研室的各项工作,协助教研室党支部发挥战斗堡垒作用,保证国家的各项方针、政策以及上级组织的决定在教研室的贯彻执行。

1.教研室主任的职责

(1)熟悉并执行相关专业教学计划,落实各项教学任务;熟悉并带领全室教师执行学校有关教学的规章制度,稳定教学秩序,防止教学事故,保证教学质量,完成好研究生、本科生等各层次学生的培养工作。

(2)研究、制订并落实学科发展计划;研究政策、创造条件,组织好每一项科研课题的研究工作,求质量、创水平、要信誉。

(3)组织教育思想学习讨论和有计划、有目的的教学改革立项研究,把教学内容体系的改革研究成果融入教学计划、教学大纲修订之中。

(4)研究教材建设规划,安排年度教材编写、译著计划并组织实施。

(5)制订教研室师资队伍建设规划。组织教师的继续教育和青年教师培养工作,协助系主任进行本室的定编及其成员的定位、定向、安排工作等。

(6)组织搞好本室所属的研究室、实验室等机构的基础建设和管理工作。

(7)组织经常性的学习、学术交流活动、教学研究活动,形成良好的学术氛围。

(8)研究教学业务费、设备费等的投入、使用及管理办法,并加以落实。

(9)配合党支部做好教师思想工作,关心群众生活。

(10)定期总结工作,搞好文档建设与管理。每年向系主任提出书面工作报告。

(11)完成好校、系布置的其他工作。

2.教研室主任的权利

(1)安排本教研室成员的各项具体工作。

(2)审定教学日历(教学进度计划),考试试题,课程设计(学年论文)、毕业设计(毕业论文)选题题目等。

(3)对教师日常教学进行督促检查,参与对教师的教学评估等有关工作。

(4)监督、检查、协调科研经费的使用。

(5)就教师的职称评定、国内外进修等事宜提出建议。

教研室主任在教学运行工作中履行上述职责,可以集中概括为三个方面工作,即组织教学、教学建设、其他工作,其主要关注点始终是:水平与质量;改革、建设、管理;组织艺术及效率。

本节将分为学年第一学期、学年第二学期两部分,首先按教研室主任在学年第一学期所做三方面工作分别对学期的四个教学工作阶段加以规定性、提示性,而教研室主任在学年第二学期所做工作,仅作补充性提示。

第一学期

一、组织教学

根据学校下达的教学任务,发挥教研室集体力量,特别是任课教师的能动作用,按学校制订的教学工作制度和规则(规范、要求、标准),做好各项教学工作是教研室经常性中心工作,也是教研室主任的首要工作。

(一)开学准备阶段

(1)认真总结上学期教学工作,对照教学大纲和教学计划,检查上学期教学工作中的主要经验和存在的主要问题,提出改进措施,并向全室教师和系(教研室)主任汇报。

(2)考虑制订学年、学期全面工作计划时,组织教师重点讨论教学工作(授课任务、课程建设、实验室建设、教材建设、队伍建设、制度建设、教学研究与教学改革等),并向系领导作汇报。

(3)到系办公室领取并核对学校教务处下达的本教研室教师《教学任务通知书》,再次明确教师任务分担。

(4)聘任好主讲教师和辅导教师。

①选聘经验丰富、教学效果好、学术水平高的讲师以上职称的教师担任主讲教师,特别是合班课教师,名教授上基础课。

②为多班次开设主要课程或重点课程时,要选聘两名以上的教师担任主讲任务,并成立课程教学小组,教学组长要对教学质量全面负责。

③对新开课或开设新课程的教师,在安排其授课任务前,必须组织在系或教研室范围内的试讲,经集体评议确认其达到开课基本要求后方能安排授课。

④选聘或安排责任心强,有一定工作能力和素质较好的教师担任辅导工作。安排有一定基础条件的研究生做助教工作,但要经过培训并遵守学校相应制度。

(5)完成对实验、实习、课程设计指导教师的聘任或任务分配,责成其做好相应各项开学准备工作,责成部分教师开始着手毕业设计(论文)选题的准备工作。

(6)准备教材。

①组织教师精心选用高质量教材(符合培养目标和教学大纲要求,具有体系、内容的科学性、先进性,体现学习对象层次特点和本校的适用性),经教研室主任会议审核,并征得相关系(教研室)主任同意后使用。

②要求主讲教师为学生提供辅助教学用书、中外文译著和参考资料的目录,以指导学生课外学习。

(7)组织教师以教学大纲为依据,根据校历,认真编写课程教学日历,明确授课内容、方式和进度安排。经教研室主任批准,于开学前,分送本系办公室和授课学生班。

(8)组织教师认真研究、讨论教学大纲及专业教学计划,明确课程教育目标、内容范围与结构、教学环节和教学法的要求。要求教师做到:

①坚持教学小组集体备课制度,更好地发挥集体智慧和协作精神,统一教学基本要求和进度。

②开设新课程的,必须拟出较详细的教学大纲和教学实施方案;对缺正式教材的,还应编写出较详尽的讲授提纲和学生的学习材料。

③新任主讲教师应完成本门课程教学各环节所必须的教师作业。

④开课前按学校规定,写出一定量的课程讲稿(如三分之二以上)。

⑤每节课前应写好教案,钻研讲课艺术。

(9)开学前检查。

①教师教学任务分担落实情况。

②青年教师的备课情况。

③各课程的教学日历是否拟写完成。

④各任课教师的教学实施方案、讲稿。

⑤教室安排是否落实、合理,防止"撞车"事故发生。

⑥教具及实验仪器、设备等设施是否完备有效。

⑦实验课分班(组)及上机时间安排情况。

(二)开学阶段

(1)研究本教研室如何落实学校学期教学工作计划,明确本学期教学工作重点。

(2)安排开学教学检查。主要检查:

①校、系下达的各项任务教师是否落实。

②任课教师授课到位和初始工作情况。尤其是新开课和开新课的教师授课情况。

③授课班级学生的最初反映和学习、学风情况;学生是否了解教学日历和考勤要求。

④抽查各班各种教学环节的教学及其所需保证条件的落实情况。

(3)及时召开教研室工作会议,交流教师上课情况和学生的反映,解决带倾向性的问题;个别问题可在会下与相关教师交换反馈意见。

(4)宣布集体备课、试讲和相互观摩教学的安排计划。

(5)检查、督促教师做好上学期课程学生补考及其阅卷、评分工作。补考试卷为上学期期末出的另一份考卷。评分应掌握原则。

(6)在全室工作会议上宣讲《教师教学工作规范(试行)》和本《实务》,重申各项教学管理制度要求。

(三)稳定教学及管理阶段

(1)实施全程质量控制,搞好教学的质量检查与反馈工作。

①检查听课(观摩教学)制度落实情况,收集各种反映。

②经常抽查了解教师讲课、辅导、答疑、批改作业等教学工作实际状况,检查每个实践教学环节的教学组织与管理工作。

③根据校、系安排,组织期中教学检查。

④安排好专家或学生对主讲教师教学质量评议的工作。

⑤协助系组织好学生学习与学风状况调查。

⑥对计划安排期中考试的课程,了解其考试准备工作、进行情况及考试结果,进行必要的分析小结。

⑦注意在日常教学运行工作中检查教师对教学课表、考表、教学纪律、制度的执行情况。

⑧对以上各项检查结果,向系(教研室)主任及时汇报,并采取恰当方式向有关教师反馈,以求及时改进教学工作。

(2)搞好教师教学工作量的管理。根据学校有关教师工作的考核要求,从教学任务完成情况、教学态度、教学质量及效果、教书育人、教学改革与教学研究、兼职工作等方面予以考核。

(3)考虑安排下学期毕业实习、毕业设计(论文)指导教师的人选,明确各项准备工作,主要是实习场所的调研、确定及实习实施计划的拟定;毕业设计(论文)题目的选定。选题应在设计(论文)开始前三个月加以确定。对初次担任指导工作的教师进行选题预做指导。

（四）期末阶段

（1）组织好期末学生复习及各课程考试的相关工作。校订必修课和系定必修课实行统一命题、统一考试、统一评分标准。

①组织任课教师在完成正常授课计划的同时，指导学生进行全面、系统地复习，并做好答疑工作。教师不能出复习提纲，不得划定复习范围。

②协助任课教师检查学生对所学课程（环节）的掌握程度，督促学生全面、系统地复习。

③督促教师在考试前完成对学生平时成绩的评定。

④组成课程考试命题小组，依据学校制订的命题原则，拟定出体现教学大纲要求，恰当的广度和覆盖面，较高的信度（可靠性）、效度（准确性），适中的难度、区分度（难易梯度），且在题量和难度方面大致相同的 A、B 两套试卷（一份为正式试卷，一份为补考试卷）。试题试卷由教研室主任审定。必须组织一些教师进行试题预做并定出评分标准。

⑤试卷应在规定时间内印制完毕。一般在考前三周，送到教务处统一组织制卷，如需打印，教研室要安排教师认真进行校对，保证不出现试卷内容和印刷错误。有的试卷（如外语）按规定可在教研室打印，也有个别试卷允许是书写卷，通过复印机保留原试卷字符。在以上过程中，强调试题试卷的保密工作，不得泄漏。试卷只能在考试前一天由专人从教务处取回，存于系办公室。

⑥指派主考和监考教师，做好考前准备。叮嘱主监考教师于考试前半小时，从办公室领取考卷，按指定时间到达考场，准时发卷，认真巡视，履行主、监考职责。

⑦会同校系领导，巡视检查各有关考场，了解有关考试的各方面情况。

⑧制订统一阅卷标准，组织统一阅卷（视情况可以先试判、试评）。考试评分结束后，教研室主任应组织复核，确保公平、准确、无误。

⑨组织教研室教师或责成主讲教师评定学生课程考核成绩（平时和考试）。并在报系主任审阅同意后，方可将班级学生考试成绩单和补考学生名单报送学生所在系办公室。教师与教研室不得向学生公布考核成绩。

⑩组织任课教师对考试结果分析总结。教研室也应有重点地对命题原则、成绩统计、教学效果及其原因进行分析研究、总结。考试情况总结连同两套试题送交系办公室存档。

（2）组织教师全面检查回顾本学期教学工作及管理的全面情况，要求教师以书面材料做好本学期的教学工作总结，安排教师进行座谈交流，并对下学期工作进行初步讨论。

（3）在总结、考核的基础上，对在本学期教学工作、教学建设与改革中做出突出成绩的优秀教师和相关人员进行表彰奖励,对教师的突出事迹、业绩和经验,应及时写成专稿,予以宣传或汇报。

二、教学建设

教研室工作的基点在建设,而学科专业建设、课程建设、教材建设、实践教学基地建设、学风建设、教学队伍建设、教学管理制度建设是教学基本建设,是保证教学质量的重要的基础性建设和工作支撑。

教研室主任应组织全室力量,依据学校办学指导思想、科学定位、发展任务、总体目标、工作规划,统筹安排本室各项建设规划,完善组织实施管理,扎扎实实、坚持不懈地进行建设。在每项建设中不断提出改革措施,创造学校稳定和谐的教学环境,创造更有利于发挥本室学科与教学优势的工作环境。

(一)开学准备阶段

(1)根据学校总体安排计划,制订、完善阶段性课程建设规划(计划)。

①组织进行课程教学内容和教学方法的研究。特别是对课程结构体系、课群、教学内容整体优化进行研究,探索课堂讲授艺术,研究、设计教学过程的教学法,交流各种灵活多样的教学方法及指导学生学会学习的经验。

②讨论制订课程教学质量规范(标准)和课程质量检查标准。使每位教师都明确教学质量检查与信息反馈过程的程序性要求。研究并不断改善影响本教研室教学质量的内部因素和外部因素。

(2)加强实验室建设。研究实验教学改革的方向和本室可以进行的改革举措,完善日常实验室制度建设;补充、完善实验仪器设备,增设实验选修项目,开设设计性、综合性实验,开放实验室;推广和普及计算机辅助教学的安排等。

(3)研究教材建设。主要是研究选用优秀教材;编写体现本系、教研室学科优势的高质量教材;修订教研室承担的主要课群、课程系统教材(如教程、习题、实物教材、CAI 课件教材等);赶写教学急需的教学资料或内部教材。

(4)研究、安排实践教学(实验、实习、课程设计或学年论文、毕业设计或毕业论文等)建设,包括组织研究制(修)订各环节教学大纲;调研、选择、落实实践教学场所(基地);选择,并编制课程设计(学年论文)、毕业设计(论文)选题目录及资料目录;编制实习计划等。注重研究实践教学内容的科学性、实用性和适应性,研究实践教学形式和方法的可行性,探索教学改革的新方案和途径。

(5)完善规范化制度建设。

①教研室应有齐备的教学文件。如学校教学计划一览、课程教学大纲、教学任务书、教师教学日历(学期教学进度安排)、学校及系学年或学期教学工作计划及工作总结、上级有关教学文件及其相应的规章制度文本。

②研究修订教学工作规范。主要有理论教学、课程设计、课程教学实习、实验等各环节的教学任务、教学程序和应达到的基本要求和质量标准。

③整理保存教学档案。教研室要存有教学工作及改革研究成果、工作业绩及获奖资料;教研室会议及研究活动记录;学生课程考试成绩单及近三年学生期末考试试卷等。毕业设计(毕业论文)应长期保存在系资料室。

④每学期收集各年级学生对各个环节教学的意见及改进建议并作为资料保存,供查阅。

(二)开学阶段

(1)根据学校教材建设规划(计划)要求,组织研究本学年教材编写、编审、编译、修订及相应出版等工作计划,分工加以落实。教材建设应与学科专业建设、课程建设、实践教学建设等协调一致。

(2)研究确定本学年重点课程建设计划(侧重教学内容及课程体系改革、实践教学基地建设和教师梯队建设)并务工加以落实。

(3)专业教研室应在系组织下研究确定本学年专业建设工作计划并分工落实。

(4)实验室、实习工厂等也要拟定出本学年建设工作计划,并报系、校领导,寻求支持和教学投入。

(5)组织申报学校、系教育教学改革立项研究项目。

(三)稳定教学及管理阶段

(1)不间断地组织教师开展课程建设的理论与实践研究。坚持课程改革试验,进行有计划、有目标、分阶段、分层次的系统建设。

(2)按照学校课程建设与质量检查评估标准,不断进行自检自查。

(3)组织力量参与校、系组织的专业设置调整改造和以教学计划为标志的课程结构体系的改革研究。

(4)组织教学方法改革的研究实践,推广教学手段的现代化。特别要充分利用全国教学科研信息网,普及推广计算机辅助教学(CAI)和现代教育技术。

(5)做好各种教学信息(要素)的设计、采集和统计,保证教学质量的科学评价。有关信息及时向教务处汇集。

（6）抓好教学文件、教学信息资料、教师业务档案等教学档案的日常管理。

（7）有必要的且具备一定条件的主要基础课程应组织研制试题库。

（四）期末阶段

（1）组织教师及有关人员进行实验室清（修）理、调整工作。

（2）收集、整理考试结果。选出好的试题，充实试题库建设。

（3）组织做好本学期教学文件、资料的收集、整理和归（建）档工作。

三、其他工作

教研室作为一个教学基本单位，除了组织完成教学任务，不断加强教学建设外，还有与教学紧密相关的科学研究、师资梯队建设、全校性学习与学术研究活动、班主任及其学生思想教育、教师思想建设等许多工作。对此，教研室主任应予统筹计划，同样做出好的成绩。

（一）开学准备阶段

（1）调查了解学科发展的前沿性问题，教研室骨干间要研究确定今后科学研究与教学研究方向、课题及力量组织；探讨科研与教学结合、科研成果尽快转化（融入）为教学内容的机制及任务落实办法。

（2）研究制订高水平师资队伍建设方案。

①注重青年教师的传、帮、带、用，帮助他们了解熟悉各教学环节教学工作，缩短工作的适应期，并给他们安排一定的学习任务及参加辅导或实践、实习工作。

②有计划地安排青年教师进修、在职培训、出国学习、参加国际国内学术交流或给青年教师安排指导教师，安排听老教师的课，参加青年教师观摩教学评比活动等，以提高青年教师的授课水平和教学艺术。

③研究制订下学年补充教师和教师流动的方案。重在保持学科优势和教学传统，并使年龄结构、职称结构趋于合理。

④研究制订全室教师进行高等教育学、心理学、大学生学习学等有关教育理论知识学习的计划，提高教师教育水平。

（3）安排下学年教师教育思想学习、业务学习、调查、教育教学研究工作任务。

（4）按系领导的工作要求，研究配备班主任、辅导员，落实联系学生班的任务，明确各项工作要求。

（二）开学阶段

（1）组织好第一次教学法研究活动。做到人人有准备，打好开局。

（2）组织检查班主任、导师等学生工作初始状况。

（3）安排专人协助校、系里做好学生迎新、入校教育、专业教育等工作。

（4）协助组织好学生军训工作。

（三）稳定教学管理阶段

（1）组织教师学习交流本学科及相关课程的前沿发展动态和最新成果，研究室学科发展、科学研究成果向教学转化问题。

（2）利用每周或双周学习日，组织教师开展教学经验交流活动。

（3）组织好各种教学改革试点工作。

（4）以教研室为后援，积极组织开展学生课外科技发明、知识竞赛、科技讲座、社会调查、创作实践等第二课堂活动。

（5）借助观摩教学评比活动等形式，加强对青年教师的帮助和指导。

（6）总结高水平教师教学及教学改革经验，组织申报优秀教学成果奖，推广其经验。

（7）协同系领导搞好全校性系级教学工作评价、课程建设评估、实验室工作评估等工作。

（8）协助系主任做好推荐免试研究生的工作。

（四）期末阶段

（1）督促检查担任班主任、导师工作的教师做好期末总结。

（2）与学生班（团支部）建立联系的教研室（党支部），在元旦期间组织联谊活动。

第二学期

教研室主任在学年第二学期（2—7月）的教学工作，由于与第一学期有许多相似之处，故不再分别做重复性阐述，而只是把有别于第一学期的一些教学相关工作加以提示。

一、组织教学开学准备阶段

（1）教研室制订毕业设计（论文）工作计划。按学校有关指导教师指导学生人数的限制性规定，选配指导教师，明确分工及任务。

（2）确定学生的毕业设计（论文）选题及其资料目录，并在设计（论文）开始前两个月告知学生本人。

(3)督促指导教师在学生开始毕业设计(论文)工作半个月前,拟出毕业设计(论文)任务书,确定参考文献,制订具体工作计划,完善物质条件的各项准备工作。

(一)开学阶段

(1)检查督促指导教师认真准备,进行好毕业设计(论文)开题教育;下达任务书,明确毕业设计(论文)的全程进度安排和各阶段要求。

(2)抽查学生毕业设计(论文)的自拟进度计划,了解进入设计(论文)后的初始状况。

(二)稳定教学及管理阶段

(1)检查学生毕业设计(论文)的进度和质量,协调指导教师间的指导工作。

(2)为各种知识竞赛活动提供组织上、物质上的条件。

(3)配合校、系组织好对毕业实习、毕业设计(论文)教学质量检查评估工作。

(三)期末阶段

(1)检查学生在指导教师指导下进行的毕业设计(论文)撰写质量。

(2)督促指导教师认真审查学生的毕业设计(论文),检查其为学生写出的学术评语。

(3)按系(教研室)主任分工,协助组织好答辩委员会;聘请评阅人及答辩委员会成员;履行答辩委员会的职责,完成好各项答辩工作。

(4)做好毕业设计(论文)教学工作总结。

(四)教学建设期末阶段

(1)协助做好毕业班中推荐免试研究生的复核工作。

(2)协助指导教师、班主任、系领导处理好毕业班学生学习—考研—择业之间的矛盾,集中精力搞好毕业设计(论文),保证其应有质量。

(五)其他工作稳定教学及管理阶段

(1)组织申报学校优秀教学成果奖。

(2)组织好每年的职称评定工作。

(3)组织好每年的教学工作考核工作。

（六）期末阶段

（1）协助系领导做好毕业班学生的毕业分配(求职)及毕业教育工作。

（2）通过系领导主动与相关专业毕业班学生建立通讯联系,以便今后进行毕业生质量跟踪调查。

（3）协助系领导做好毕业生离校欢送工作。

第四节　教学系主任

系是学校(院)领导下的承担教学、科研等任务的基层行政组织。系实行系主任负责,党总支保证监督的体制。教学系主任是系里会议的主要成员。他的职责是协助系主任贯彻执行国家的方针政策、学校办学指导思想、各项决定和规章制度,完成校长下达的各项任务并分管本系教学方面各项工作,包括组织制(修)订各层次学生的培养方案、教学计划;实施教学运行工作的日常管理及检查监督,防止教学事故,稳定教学秩序,保证教学质量;参与制订系发展规划,学科与专业建设规划;组织教育思想学习,研究制订系教学改革计划及实施安排;组织课程、教材、实验室、实践基地等教学基本建设;组织师资梯队建设及青年教师培养,一类课和高水平课教师的培养建设;指导学生班主任、导师工作,协助党总支做好教师、学生的思想政治工作;组织开展文化素质教育及其课外活动等。教学系主任的工作还应通过组织好系教学工作委员会的工作,得到其在各项教学改革、建设与管理工作的咨询和支持。

教学系主任在教学运行工作中履行上述职责,可以集中概括为三个方面的工作,即组织教学、改革与建设、其他工作。在做好这些工作中,教学系主任绝不可只埋头于一般事务性工作之中,或成为一般事务性工作的组织者,教学系主任更应以教育家的思想和思维、政治家的气度的谋略、专业管理者的干练和精明,在高层次上出思想、出思路、出策略、出谋划,组织协调全系的教学运行工作。在把主要精力放在"登高望远"抓大事的同时,也应力所能及地(在完成自己教学、科研任务的同时)亲自处理亟待解决的具体问题。

本节将分为学年第一学期、学年第二学期两部分,首先按教学系主任在学年第一学期所做的三方面工作分别对学期的四个教学工作阶段加以提示性阐述,而教学系主任在学年第二学期所做的工作,仅作补充性提示。

第一学期

一、组织教学

"稳定教学运行,保证教学质量"始终是教学系主任的首要工作目标。这一目标的实现全靠科学、有效的组织工作,教学系主任的关注点和主要精力应放在人才的科学调度和合理使用、教学计划及管理制度的严格执行、政策的预研和问题的及时解决上。

(一)开学准备阶段

(1)及时学习国家教育部、上级主管部门、学校近期指示工作精神及文件,多方了解国内外高等院校教学研究与改革动态,对照校、系总体规划及阶段工作目标,理出在系内组织贯彻执行的思路。

(2)总结上一学期教学工作,肯定成绩,找出问题,确定表彰对象;草拟本学期教学工作计划框架。

(3)召开教学工作委员会会议,讨论上学期教学工作,总结经验,找出问题及差距,初步确定本学期教学工作计划,送系里会议成员传阅。

(4)召开教研室主任会议,听取意见与建议,掌握信息,落实开学准备工作。

(5)召开本学期任课教师会,总结上学期系教学工作,初步安排本学期教学工作。

(6)协同系学生工作组召开班主任会议,总结上学期学生工作情况,提出本学期(或学年)工作安排及要求,公布新生班主任名单及培训工作安排。

(7)检查本学期教学任务落实到位情况,特别是主讲教师是否做好了开学准备工作,教学日历(学期教学进度安排)是否写好并经教研室主任同意。

(8)与系行政副主任一起检查教学工作条件落实情况(教室、教材、课表、实践教学点、实验室等)。

(9)落实新生入学的准备与组织工作(新生注册,了解新生状况、审查奖学金名单、专业教育)。

(10)指导督促教学秘书落实学籍处理、补考等各项准备工作。

(11)汇总、总结上学期期末考试、成绩评定、试卷分析、学籍处理等方面情况,讨论研究改进措施。

(12)对首次招生的新设专业的开学准备工作要格外予以关注。

（二）开学阶段

（1）根据学校召开的教学工作会议上校领导布置的学年（期）工作计划，系里会议最后定下本系学年（期）教学工作计划与安排，召开教学工作委员会会议及教研室主任会议，必要时召开全系教职工大会进行传达布置。同时安排教育思想学习和《教师教学工作规范（试行）》的学习。

（2）召开辅导员、班主任会议布置新学年（期）教学工作及学生学习工作。

（3）向为本系开课的聘任教师（尤其是为一年级新生开课的教师），介绍学生（新生）的基础情况和素质状况。

（4）组织入学新生的外语、数学等水平测试。

（5）组织安排好补考及其阅卷、评分等工作。

（6）组织安排开学初的教学检查，尤其是上好第一堂课的各项准备工作及组织教学秘书、行政秘书一起进行开学第一天及第一周教学状况检查（课表对位情况；教师、学生到课情况等）。

（7）深入现场检查教学实践课进行情况。

（8）组织学生对假期进行的有组织的社会实践活动进行认真总结、汇报与交流。

（9）检查任课教师应在开课前一周内提交的实验室工作计划（主要内容应包括：实验内容、环境（设备）要求、实验人数，时间安排）。

（10）检查课程设计的进展情况。

（11）安排校外实习，亲自参加实习动员。

（12）了解本系学生教材配备率和课前到书率，及时解决教材及辅助教材遇到的问题。

（13）组织动员并检查学生按（大学生体育合格标准）要求上好体育课，坚持参加早操、课外活动，并努力达到出勤率和达标率的要求，提高体育锻炼的自觉性，培养终身体育意识。

（三）稳定教学及管理阶段

（1）检查并小结本、专科新生入学教育状况。

（2）完善全系教学质量监控系统，搞好教学质量检查和反馈，保证系统正常运行。

①根据教师职称、职务及新入职教师制订每学期听课制度；检查各级听课制度在本系落实情况，了解与解决听课后反映的问题。

②经常检查各教研室授课及辅助教学环节、实践教学环节的教学组织与管理工作。

注意检查各教研室执行课表、教学制度的情况。

③组织期中教学检查安排对主讲教师的教学质量评议。

④组织四、六级英语统考,计算机水平测试及各种竞赛活动,检测学生知识、能力培养状况。

⑤在期中召开班主任、教学秘书、辅导员会议,了解学生班状况,提出解决问题的办法。

⑥直接听取学生对某些课程或教学环节的意见及建议。

⑦每学期至少组织一次"学生学习及学风状况"的系统调查。

⑧对教学计划安排的有期中考试的课程,了解期中考试结果,并进行分析小结。

⑨根据学校计划安排或结合本系安排的其他校外工作,阶段性地做好毕业质量调查工作。

⑩对以上各项检查结果,采取恰当方式向有关教研室进行反馈,以及时改进教学工作。

(3)审核下学期课程计划(教学进程计划),组织安排教学任务分工及各种实习计划制订,并按规定时间上报教务处。

(4)安排落实本学年度毕业设计(毕业论文)工作,确定指导教师,进行毕业设计(论文)选题及资料目录的调研准备。

(5)组织各年级各专业学生班教材的预订工作并按规定时间报教务处。

(四)期末阶段

(1)组织、督促与检查期末复习及考试工作,制订具体细则逐步使期末考试的复习、答疑、命题、评分工作实现制度化、规范化、标准化。强调考试工作结束后,每门课程均须进行试卷分析(参照样本),写出课程教学总结报告。

(2)对一年级新生作期末复习、考试的动员。宣讲学校有关考试工作的制度规定,申明考试纪律要求。组织与指导其他年级学生的辅导员或班主任做好考试动员报告。

(3)组织安排教师、干部的监考及领导干部的巡视工作。系领导要深入到考试现场检查巡视。

(4)审查课程考核成绩和成绩单,当确认可以向学生公布时,责成教学秘书将成绩单送达学生所在系办公室。

(5)检查实习准备工作、毕业设计(论文)准备工作,对即将进入校外生产实习及毕业设计(论文)阶段的学生进行动员。

(6)检查教学计划执行情况(教学内容、教学进度等),严格教学制度及要求。

（7）检查该学年第二学期教学进程计划的落实情况。做好教学工作量的预算、教师聘任或调整工作等。

（8）检查全系学籍管理工作及其学期总结。

二、改革与建设

教学工作的核心是培养、建设、改革、管理。培养（人才）是目的和任务；建设是基础和支撑；改革是关键和动力；管理是保障和效益所在。教学系主任始终紧紧抓住改革与建设，就使稳定教学运行有了坚实基础，就可以在动态中，随着经济、科技与社会的发展，不断寻求新的方向（目标）、新的起点（平台）、新的教学内容、新的工作途径、新的运行机制。

抓改革要有思路，抓建设先抓基础。在高等教育改革中：教育思想、教育观念的改革是先导，教育思想、观念的改革贯穿教育改革和发展过程；体制改革是关键，其中管理体制改革是重点和难点；教学改革是核心，其中教学内容与课程体系的改革是重点和难点；提高人才培养的质量、数量和办学效益是根本目的。

经过多年教学改革实践总结出的，并在以后指导高校进行教学改革的基本思路是：贯彻教育方针，更新思想观念，拓宽专业口径，改革内容方法，加强素质教育，提高教育质量。

（一）开学准备阶段

（1）与其他系领导交换工作意见，商讨制订新学年或学期教学改革计划。

（2）筹划开学后第一次教学工作专题系里会议。

（3）根据国家教育部关于《普通高等学校本科教学工作水平评估方案》及本校的要求，对全系教学建设、改革与评价工作做出学期安排，特别对评价课程提出明确要求，同时确定本学期参加校或系级评估的课程及需要重点提高（改进）的课程。

（4）总结交流上学期教改工作的经验，找出问题；讨论落实教改工作进度，向全体教师说明本学期教改重点及措施。

（5）对新设专业、新开课程的教师、教材及实验设备器材等的建设予以更大的投入和指导。

（二）开学阶段

（1）组织教研室申报学校教育教学改革立项研究项目，教学系主任要认真审阅，一经同意申报，即应给予各方面支持与指导。

（2）研究本学年（期）重点课群及课程建设计划，着重从教学内容体系改革、软硬件建设及经费投入、提高教学水平与质量的举措、强化教学管理的措施等主要方面给予有力支持，在此基础上向学校申报重点课程或高水平课程教学质量检查评估计划。

（3）依据学校教材建设规划要求，研究确定本系学年（期）教材编写、编译、编审、修订及相应出版工作计划，尤其是要保证学校重点教材编写、修订任务的落实；准备优秀教材奖励申报工作。

（4）组织调研学科专业的发展动态，掌握前沿性课题研究方向，及时提出专业设置、调整、改造的意见，形成有特色的专业建设计划。

（5）组织指导实验室（含计算机中心）、实习工厂等单位研究提出发展建设计划或调整正在实施中的建设计划。

（6）提出系资料室建设意见及给予物质投入的方案。

（三）稳定教学及管理阶政

（1）检查落实重点教改项目的研究工作，进行必要的交流和促进。

（2）检查核实教材编写进度；确定及上报内部讲义的编写及印刷计划；落实各项政策措施。

（3）组织校外实习及其基地的考察和建设工作。

（4）协调与改进理论教学与实验教学工作。组织对实验室建设的检查和合格验收，协调解决建设中的问题。

（5）组织定期交流课群（课程）建设的进展情况及经验。

（6）按照学校课程建设与质量检查评估标准，不断进行自检自查。

（7）了解教学信息的设计、采集和统计、分析状况，完善教学质量的科学评价。

（8）实地检查与指导系教学档案的建设与管理。

（9）做好下年度教学经费投入预算，向主管校长及校财务领导小组报告。

（10）对照《普通高等学校本科教学工作水平评估方案》和《高等学校文明校园检查评估标准》要求，组织系教学工作评价工作，把建设与评价的项目、任务落实到各教研室，责任到人。

（四）期末阶段

（1）督促各教研室和教师，着手总结本学期教改工作，写出本学期所有教改项目及课程改革的小结（包括改革措施的执行情况、效果；提出下学期教改项目与教改任务）。在认真审阅全部小结后，写出全系教学改革工作总结，并通报给会议成员。小结和总结均应在系教学秘书处存档。

（2）安排全系实验室的清（修）理、调整工作。

（3）指导全系教学文件及有关资料的归档工作。

（4）指导系资料室进行图书资料的归还、整理工作；新的图书、期刊、标准、手册、图纸、影像资料、保密资料等的预订（购买）工作。

三、其他工作

教学系主任除了抓好教学的组织、改革与建设工作外，还有许多其他工作，而重点是"人"的工作，即教师和学生的工作。人的工作是非常需要细致、耐心、深入的。要用新的教育思想观念、新的精神和形势要求来统一全体教师和学生的认识；用灵活合理的政策、良好的工作环境来充分调动教师的积极性、主动性；要创造条件不断提高教师素质、水平，形成教研室乃至系的整体优势。对大学生除了加强思想政治教育外，还应适应 21 世纪对人才的要求，在指导学生学会做人、学会学习、学会做事上下功夫，培养他们树立正确的世界观、人生观、价值观和学习观，使他们养成自主学习的本领和终身学习的意识。

（一）开学准备阶段

（1）协调本学期人事、资金等方面的安排，以保证教学工作正常运行与教改需要。

（2）组织做好迎新工作及入学教育素材的准备，落实各项人员分工。

（3）协助负责学生工作的系副主任，组织班主任等专人查看学生档案，了解学生基础状况，准备向任课教师介绍情况。

（二）开学阶段

（1）了解新、老生注册情况，及时发现并解决有关问题；通报对违反纪律未按规定准时返校的学生的处理意见。

（2）看望新生及召开新老生座谈会，必要时可召开新生班主任会议，并提出相应要求。注意并研究解决生活困难学生的问题。

（3）协同组织大学生军训工作。

（4）组织新生入学教育。其中包括：

①系主任作入学教育报告。

②专业教研室主任作专业教育报告。

③教务、学生、后勤部门和团委分别介绍教学环境、政治、文化、生活环境等情况以及相关制度要求。

④责成班主任组织新生的第一节课、第一次班会。

(5)对新生入学前全面素质状况及学习成绩进行必要的调查。

(6)组织对老生的回校教育。总结上学期学习、学风、纪律情况;宣布奖励名单;介绍学科专业的最新发展动态和信息材料。

(7)审查、上报学籍处理材料。

(8)通过适当途径,向学生介绍学校辅修专业设置情况,指导学生在适当学期申报辅修专业。

(9)按学校规定标准和比例数额,组织相关人员搞好推荐免试研究生工作。

(10)做好教师节(9月10日)期间奖励表彰优秀教学成果、优秀教师、先进教育工作者的工作。

(11)组织新教师入校教育。系领导负责向新教师介绍本系教学、科研全面情况。

(12)研究安排青年教师培训(教育理论培训班、委托代培、在职进修、出国留学)、实践锻炼、助教见习、做班主任工作;为新教师选配指导教师传、帮、带。

(13)选拔优秀青年教师做学科、课程带头人或骨干教师。

(三)稳定教学及管理阶段

(1)组织系教学工作委员会会议,对申请高水平课教师和优秀教学成果、优秀教材等事项进行初评并向学校申报。

(2)通过系内专家听课、评选、推荐,组织并参加学校青年教师观摩教学评比竞赛活动。

(3)与分管学生工作的系副主任配合,继续做好新生的入校后教育工作。指导他们尽快进行由中学到大学的学习方式与方法的转变;养成优良的学风;掌握基础课的学习方法等。

(4)总结并研究本系学生参加四级英语统考、计算机水平考试及各种竞赛、课外科技活动的开展情况。提出新学期工作建议和措施。

(四)期末阶段

(1)审核每位教师本学期的教学工作量并核定超课时津贴金额,及时发放。

(2)注意关心老教师、生病教师的生活与健康。可选择重阳节、元旦、春节等节假日期间召开离退休教师座谈会、联谊会。

(3)协同主管学生工作的系领导、班主任向学生家长传达本学期学生的全面情况。

(4)进行教师、教研室全年教书育人工作考核。

第二学期

系(教研室)主任在学年第二学期(2-7月)的教学及管理工作,由于与第一学期有许多相似之处,故不再分别作重复性阐述,而只是把有别于第一学期的一些教学相关工作加以提示。

一、组织教学

(一)开学准备阶段

(1)检查本学期开始的下厂实习准备工作。

(2)督促、检查各教研室制订毕业设计(论文)工作计划,按时确定选题、拟写出任务书,选题按时下达给学生。

(二)开学阶段

(1)检查各专业下达毕业设计(论文)选题、任务书的情况,指导填报毕业设计(论文)选题登记表,务必使毕业设计(论文)开始时指导教师工作到位。

(2)督促各专业教研室做好毕业设计(论文)的动员工作。

(3)根据毕业设计(论文)工作的有关规定,检查各教研室指导教师有关毕业设计(论文)开题教育、进程安排等具体工作,以及学生自拟进度计划情况。

(三)稳定教学及管理阶段

(1)进行毕业设计(论文)期检查。逐个检查每个学生的进度和质量,在系教学工作会议上做重点汇报。

(2)组织、安排实践教学,并为期末及暑期实践教学(含社会实践)工作做好充分准备。

(3)组织好学校统一进行的毕业实习、毕业设计(论文)教学质量检查评估工作。

(四)期末阶段

(1)检查学生毕业设计(论文)撰写质量,决定学生是否可以进入答辩。

(2)成立系毕业设计(论文)答辩委员会,聘请评阅人;制订或修订答辩工作细则,主持毕业设计(论文)答辩。

(3)组织毕业班学生对本系(专业)教学计划、课程设置及任课教师总体教学水平、教学质量进行评估,并进行认真分析,总结经验教训。

(4)做好毕业设计(论文)教学和质量评估工作总结。

(5)安排实践教学周(学期)的工作。布置并落实课程设计、金工实习等准备工作。

(6)召开为本系开课的外系教师座谈会,听取意见,研究改进教学内容和方法。

二、改革建设

开学准备阶段

安排全年教职工教育思想学习,开展教育教学的工作。

三、其他工作

(一)稳定教学及管理阶段

(1)安排教研室在推荐基础上,申报校级优秀教学成果奖,并组织系教学工作委员会进行评定。系教材建设领导小组初评校级优秀教材材料并评选系级优秀教材。

(2)协同做好每年的职称评定工作和年度考核工作。

(三)期末阶段

(1)协调做好毕业班中推荐免试研究生的复核工作。

(2)注意解决毕业班学生中各种现实思想问题,协助党总支进行毕业生毕业教育,召开毕业生座谈会,表彰优秀毕业生,做好分配、离校欢送等工作。

(3)协同组织大学生暑期社会实践和学生干部培训。

(4)进行毕业生毕业资格及学位资格初审,系学术委员会讨论投票决定授予学士学位的学生名单。

(5)总结毕业班教学全程工作,写出毕业班教学工作总结。

(6)进行教书育人学年工作总结。

第五节　教学秘书

教学秘书是系(教研室)主任的主要工作助手,是稳定教学运行的中坚。其工作职能是负责日常教学的组织管理,主要是教学计划的实施计划(即学年课程教学进程和学期教学计划运行表)、课表、考表的制订;课程及实践教学环节的组织落实、稳定运行;日常教学质量监控工作的组织;学生学籍管理、考试的组织及成绩管理;教材出版、订购计划的汇总和通达;教学工作量及酬金的计算和发放;推荐、报考研究生的组织工作;教学改革立项及经费管理、教学文件资料收发和档案管理,以及领导交办的其他工作任务。

　　教学秘书在教学运行工作中履行上述职责,其工作可以集中概括为三方面,即教学运行、学籍管理和其他工作。在这许多看似琐碎的工作中,却事事有原则,件件有章法,处处讲研究。所以,教学秘书不应自己把自己等同于一般事务员,而应有较高的目标和追求;应该不间断地学习教育管理知识和同行的经验,不间断地与教师、学生沟通关系,了解他们的想法和希望,进行教学管理研究;在工作指导思想上要立足学校发展全局、确保教学质量,同时主动为教师着想,为学生着想,也替系(教研室)主任着想;在履行职责工作中,想得深、计划远、工作细、有韧劲、勤整理、快反馈,这样就会在较高水平上完成各项工作任务。

　　一个系教学管理工作的水平、质量与教学秘书的素质、能力、水平,与他们和系(教研室)主任的同心协力,与他们在教师中的忠实服务员的良好风范关系极大。本节将分为学年第一学期、学年第二学期两部分,首先按教学秘书在学年第一学期所做的三方面工作分别阐述,并对学期的四个教学工作阶段加以规定性、提示性阐述,而教学秘书在学年第二学期所做的工作,仅作补充性提示。

第一学期

一、教学运行

　　教学运行管理是教学管理的核心部分。它包括教学过程的组织管理(包括课程教学大纲、质量规范的制订;课堂教学、实践教学、科学研究训练的组织管理)和教学行政管理(包括以学期教学计划运行表、课表、考表为重点的教学日常管理;以成绩单、学籍卡为重点的学籍管理;教师工作管理;教学资源管理;教学档案管理)。其基本点是全校协同,科学协调,严格执行规范和各项制度,保持教学工作稳定运行,保证教学质量。

　　在教学系主任领导下,按系领导的工作思路、意图、意见,主动做好教学运行这项经常性中心工作是教学秘书的主要任务。

(一)开学准备阶段

(1)自觉学习上级近期指示精神,思考本学期工作思路和事项安排。

(2)配合系、教研室主任检查各项教学工作与教学条件的落实情况。

（3）统计上报教务处要求的上学期统考课程成绩统计表、百分比统计表。

（4）安排实践周的教学、实践活动，落实公益劳动、军训、课程设计等的具体负责人、时间、地点。

（5）向有关开课系递送《学生点名记分册》。

（6）向需补考或重修的学生所在系递送补考成绩单、重修名单。

（7）协同做好学生注册、新生学生证发放、老生学生证补办工作。

（二）开学阶段

（1）仔细了解学校和本系全学年或本学期教学工作的全面计划和安排，制订自己的相应计划，并与系（教研室）主任交换意见。

（2）安排本系学生补考，填写补考成绩单。

（3）协同做好军训及实践周的正常教学、实践活动的保障工作。

（4）向本系任课教师提供学生名单、学生点名记分册、学生选修和免修名单等教师上课必备资料。

（5）向有关开课系递送新生点名记分册。

（6）布置辅修专业的系（教研室）主任，研究确定本学期为适应各年级学生开设的辅修课程及任课教师。

（7）组织学生办理辅修手续（指导学生选读辅修专业及课程，办辅修证），将其选课情况录入计算机；协同教务处确定各课程时间安排及教室；通知辅修课程任课教师做好开课（或实验、上机）的准备工作。

（8）做好迎新工作；组织新生参加英语、数学等水平测试，发放学生手册、学年校历、课表；协助做好基础课选课工作。

（三）稳定教学及管理阶段

（1）协助系（教研室）主任组织修订教学计划，制订下学期课程计划并报教务处。

（2）依据教务处下达的学期教学执行计划向有关教研室下达下学期教学任务，督促落实教学任务；填好教学任务书后送达任课教师并报教务处。

（3）协助教务处（教务科）做好下学期教学执行计划运行表、课表编排工作；编排本系负责安排计划的年级课表。

（4）协助教学系主任组织落实期中教学检查和主讲教师教学质量评议。小结自己的工作并向系（教研室）主任汇报；参加检查课程和教学环节的教学质量；收集专家、同行、学生的评议意见，及时向系主任和教研室主任转达；将评议结果统计后报教务处；汇集各教研室期中教学检查材料。

（5）对毕业班学生已有成绩（学分积）进行统计、排序，协助做好免试推荐研究生工作。

（6）处理好教师日常调课等事宜（本系教师向教学秘书索取统一印制的调课申请单，填好后由教学系主任签署意见，报教务处办理；教务处同意后，填写调课通知单，教学秘书转给学生班和任课教师）。

（7）将毕业前准予补考学生的名单报送教务处。

（8）上报本系下学期开设的校级任选课报表。

（9）通知任课教师按规定时间（如考前三周）拟出期末考卷；经教研室审定后送交教务处统一制卷。

（10）组织本系学生选课。

（11）安排本系（部）专业课考试日程。

（12）向学生发放下一学期课表。

（13）组织教研室教师填写内部讲义的编写、印刷申报计划表，报教务处。

（14）向教师发放下一学期授课时间表及空白教学日历填写表。

（四）期末阶段

（1）配合系（教研室）主任做好各年级学生考前动员。

（2）协助组织学生期末考试。对照教务处下发的期末考试日程，安排好监考工作；将考试安排送到系领导、各教研室及各班学生手中；向任课教师发放学生"课程考核成绩登记表"等。

（3）凡课程（环节）考试之后，注意及时收取学生"点名记分册"和"课程考核成绩登记表"，查看有无遗漏、系主任是否审阅。"课程考核成绩登记表"应至少保存学生毕业后半年。

（4）汇总学生考核成绩并统计分析，向系主任汇报同意后方可公布课程成绩。

（5）对学习本系开设课程且成绩不及格的外系学生，经学生所在系转达，发送学生补考通知单。

（6）报送需要重修学生通知单到学生所在系并教务处。

（7）参加辅修班监考。严格检查辅修证，通知下一学期辅修交费时间。

（8）安排学生辅修课程补考事宜。将辅修成绩单及补考通知单送到学生所在系。

（9）协助组织毕业班学生选好毕业设计（论文）题目。

（10）安排本系开设课程的补考时间、地点，填写补考通知单，发至教师及学生，同时将情况通报给班主任。

二、学籍管理

学籍管理是对学生的入学资格、在校学习状况及毕业资格的检查、考核及管理。这是一项非常严肃、原则性很强的工作。国家教育部、北京市教委以及学校为此都制订有明确的学籍管理办法。教学秘书应在系（教研室）主任指导下，抓住学籍这条主线和学生学习成绩记载表（成绩卡）、学籍卡这个重点，把学籍管理工作做得完整、准确、规范、及时。

（一）开学准备阶段

（1）对上学期没有完成的本系留级、试读、退学学生的成绩进行核准、上报教务处。

（2）协助休学学生办理复学手续。

（二）开学阶段

（1）迅速编制新生分班名册报送教务处以便编制学生学号，为后续工作（制卡、选课、发校徽、办学生证等）做好准备。

（2）将经过教学系主作审阅后的学生学籍处理材料报教务处。

（三）稳定教学及管理阶段

（1）将上学期课程及教学实践环节的学生成绩进行登记或录入计算机，并报教务处。

（2）按学校规定时间补办学生证事宜。

（3）对暑期前后和开学初集中安排实践教学（实习、课程设计、社会调查等）的班级，要及时向任课教师收取考试成绩单，并登录在学生学习成绩记载表（成绩卡）上。

（4）为经批准休学、转学、出国学习的学生办理手续。

（四）期末阶段

（1）将期中前后结束的课程的学生成绩及时登录。

（2）对留级、试读、退学的学生成绩进行核准并上报教务处。

（3）整理考试作弊学生的学籍处理材料并妥为保存。

三、其他工作

教学秘书除了做好教学运行、学籍管理工作外，还要协助系（教研室）主任做好与教师和学生有关的一些其他工作。

(一) 开学准备阶段

(1) 打印各班学生成绩统计表,为班主任及全系评定奖学金、优秀学生做好准备。

(2) 将毕业学生学习成绩记载表(成绩卡)送交学校档案室。

(3) 将毕业生优秀毕业设计(论文)按规定归档份数收齐后交到学校档案室。其他学生的毕业设计(论文)送系里资料室保存。

(二) 开学阶段

(1) 协助做好新生心理素质测试工作。

(2) 办理外校教师来本系旁听、进修事宜,协助安排指导教师。

(三) 稳定教学及管理阶段

(1) 将本系各教研室拟定的春季教材预定计划汇总后报送教务科。

(2) 组织做好本系学生参加全国外语四、六级考试,计算机水平测试的报名等工作。

(3) 协助做好各类知识竞赛、设计竞赛、科技杯比赛的报名组织工作。

(四) 期末阶段

(1) 协助教学系主任进行教师教学工作量统计与考核。

(2) 协助教研室做毕业设计(论文)准备工作。

(3) 撰写本人年度工作总结或论文。

第二学期

教学秘书在学年第二学期所做的教学管理工作,由于与第一学期有许多相似之处,故不再分别重复性阐述,而只是把有别于第一学期的一些工作加以提示。

一、教学运行开学准备阶段

协助做好本系毕业班毕业实习、毕业设计(论文)有关准备工作。

(一) 开学阶段

协助做好学生毕业实习的动员、组织工作。

(二)稳定教学及管理阶段

(1)整理毕业班学生学习成绩记载表,一式两份(一份送交教务处,一份归入学生档案)。

(2)配合实施对毕业设计进行情况的检查,协助安排毕业答辩,收齐学生毕业设计(论文)。

(3)组织毕业前准予课程补考的学生进行补考。

(4)安排本系专业课程考试日程表。

(三)期末阶段

(1)组织毕业班学生对本系(专业)教学计划、课程设置及任课教师的总体教学水平、教学质量进行评估,将统计结果报系办公会议。

(2)安排实践教学周(学期)的实践活动(落实公益劳动、实习、课程设计等的时间、地点、具体负责人)。

(3)协助系(教研室)主任做好各专业、各年级课程教学工作、教学改革、教学建设工作总结。

(4)迅速登录毕业班学生临近毕业前的所有课程考试、补考、毕业设计(论文)等成绩,整理好送达档案馆和归入学生档案的学生学习成绩记载表。

(5)协助系(教研室)主任做好毕业班全学制教学工作回顾性总结评价工作。

二、学籍管理稳定教学及管理阶段

(1)初审毕业生毕业资格、学士学位授予资格。

(2)做好发放学生毕业证书的各项准备工作。

(一)期末阶段

(1)参与系、校里有关学生毕业资格、学位资格审查工作,提供学生成绩、考绩、学籍等方面的依据。

(2)校学位委员会决定,填发学生学士学位证书。

(3)在教务处统一组织下,填发学生毕业证书。

三、其他工作开学准备阶段

协助系(教研室)主任做好组织安排全年教职工教育思想学习、开展教学研究的各项准备工作。

(一)稳定教学及管理阶段

(1)将秋季教材预订计划报送教材科。

(2)协助做好各项竞赛的报名组织工作。

(3)协助做好校、系里优秀教学成果和优秀教材奖励的工作。

(二)期末阶段

(1)协同办理毕业生离校手续,欢送毕业生离校奔赴工作岗位。

(2)认真整理所有学年教学文档资料,将教学文件、教学资料、考卷、成绩单、试卷分析材料、教研室工作总结、教师课程教学总结、毕业设计(论文)及学籍处理原件等分类保管妥存。

(3)协助系(教研室)主任开好系内外教师座谈会,听取改进教学工作的各种建议。

(4)在系(教研室)主任指导下,建设、整理试题库、试卷库。

(5)撰写本人学期(学年)工作总结或论文。

参考文献

[1]伯顿·克拉克.高等教育学新论[M].杭州:浙江教育出版社,2001.

[2]郭石明.社会变革中的大学管理[M].杭州:浙江教育出版社,2004.

[3]尹艳秋.必要的乌托邦—教育理想的历史考察与建构[M].福州:福建教育出版社,2004.

[4]陈峰.民办教育创新:区域和学校的探索[M].广州:暨南大学出版社,2011.

[5]卢彩晨.危机与转机:从民办高校倒闭看民办高等教育发展[M].广州:广东高等教育出版社,2009.

[6]夏季亭.民办高等教育的发展与创新[M].济南:山东大学出版社,2011.

[7]查明辉.中国民办高等教育发展模式转型研究[M].天津:南开大学出版社,2014.

[8]曲建武.识读大学[M].北京:人民出版社,2006.

[9]顾建民.中国民办高等教育发展战略研究[M].杭州:浙江大学出版社,2004.

[10]张有声.高等教育可持续发展理论研究[M].北京:教育科学出版社,2009.

[11]别敦荣,杨德广.中国高等教育改革与发展30年[M].上海:上海教育出版社,2009.

[12]宋东霞.中国大学竞争力研究[M].北京:高等教育出版社,2005.

[13]朱明.地方高校核心竞争力[M].北京:中国大百科全书出版社,2005.

[14]张有声.高等教育可持续发展理论研究[M].北京:教育科学出版社,2009.

[15]罗珉,刘永俊.企业动态能力的理论架构与构成要素[J].中国工业经济,2009.

[16]徐绪卿.我国民办高校内部管理体制改革和创新研究[M].北京:中国社会科学出版社,2012.

[17]周国平.社会资本与民办高校资源整合研究[M].广州:广东高等教育出版社,2012.

[18]段蒙杰.天津市高校本科大学生创业教育需求调查研究[D].天津:天津理工大学,2017.

[19]张楚廷.高等教育哲学[M].长沙:湖南教育出版社,2004.

［20］张应强.高等教育现代化的反思与建构［M］.哈尔滨:黑龙江教育出 版社,2000.

［21］刘献君.大学之思与大学之治［M］.武汉:华中科技大学出版社,2000.

［22］周光礼.学术自由与社会干预:大学学术自由的制度分析［M］.武汉:华中科技大学出版社,2003.

［23］别敦荣.中美大学学术管理［M］.武汉:华中理工大学出版社,2000.

［24］张彤.中国高等教育改革与可持续发展［M］.厦门:厦门大学出版社,2003.

［25］潘懋元.潘懋元论高等教育［M］.福州:福建教育出版社,2000.

［26］潘懋元.多学科观点的高等教育研究［M］.上海:上海教育出版社,2001.

［27］张铁明.教育产业论［M］.广州:广东高等教育出版社,2002.

［28］金耀基.大学之理念［M］.北京:生活·读书·新知三联书店,2001.

［29］宋秋蓉.近代中国私立大学研究［M］.天津:天津人民出版社, 2003.

［30］王英杰.美国高等教育的发展与改革［M］.北京:人民教育出版社,2002.

［31］崔军.回归工程实践:我国高等工程教育课程改革研究［D］.南京:南京大学,2011.

［32］张会敏.基于指数的高等教育质量管理方法研究［D］.上海:华东师范大学,2012.

［33］陈飞.应用型本科教育课程调整与改革研究［D］.上海:华东师范大学,2014.

［34］邵波.我国高等教育大众化进程中的应用型本科教育研究［D］.南京:南京师范大学,2009.

［35］陈金江.中国大学本科精英学院运行模式研究［D］.武汉:华中科技大学,2010.

［36］郝进仕.新建地方本科院校发展战略与战略管理研究［D］.武汉:华中科技大学,2010.

［37］包镕.地方本科院校专业设置及优化问题研究［D］.上海:华东师范大学,2007.

［38］秦逊.应用型本科高校毕业设计的创新研究［D］.合肥:安徽大学,2017.